"阅读伴我成长"系列丛书编委会

主　编：姚　伟

副主编：施俊法　朱军一　贾　翔　凌肖宏

编　辑：夏成伟　孙文波　任晓根　周伟东

点　评：沈燕飞　陶国华　朱瑜冬　康连华

阅读
人生的风景

『阅读伴我成长』系列丛书编委会 编

（2017 年中学卷）

浙江文艺出版社

阅读,伴我成长

近两年,中央电视台的《中国诗词大会》《朗读者》《经典咏流传》圈粉无数。触动人们内心的,是传统文化的美——美的画面、美的音韵、美的意境。选手的机智、专家的渊博、主持人的知性,很大程度上得益于阅读。家国天下、诗琴书画,都在书里。

阅读是创作的起点。读好书,写感想,是小作者和原作者心灵的沟通;经典诵读,是朗读者的二次创作;绘本创作,是小朋友眼中的世界……当"待从头、收拾旧山河"的家国豪情,"试问卷帘人,却道海棠依旧"的温婉细腻被我们别样表达之后,优秀传统文化已经写进我们的基因。

嘉兴,人文荟萃地。朱生豪、徐志摩、王国维、茅盾、巴金……都是治学为人的典范。他们在传统文化的土壤中汲取了丰富的营养,也吸收了外国文化的精华。广大中小学生既要读文史哲,也要读理化生,可能你志在其一,但"工夫在诗外",爱因斯坦会拉小提琴,中国工程院院士詹启敏教授会演讲、会唱歌、会作词,还会弹琵琶,阅读是为你才能的大厦奠基。

2017年,"阿尔法狗"这个名字红遍全球,世界上最著名的围棋手全部败在它的手下。现在的人工智能可以实现同声传译,可以作曲、作画、作诗,这是科技进步的结果。计算机程序在大数据的基础上,通过深度学习,可以尽可能地模仿人的思维方式,甚至情感表达方式。随着科技的进步,人工智能可以做的事肯定会不断挑战普通人的认知。在知识大爆炸的今天,唯阅读可以让我们保持进步。

阅读,悦在读中。遍赏古今、博览中外,愿你收获更美的成长。

"阅读伴我成长"系列丛书编委会

2018年3月

目 录

但愿吉祥如意

——读《冬牧场》有感

◆学校:平湖市南市中学　◆作者:胡敏仙　◆指导老师:金　晖

　　夏日的夜总因某些无法描绘的理由而难眠,于是,在那个难眠的夜里,《冬牧场》,我终于同它碰面了。

　　《冬牧场》是我略有耳闻的散文作家李娟的作品,怀着期待与探究的心,我翻开了这本书,翻开了世界。起初,我并不知道,那个恍若隔世的世界,竟使我于夜中生发出万千思绪……

　　停停顿顿地,我终于在黎明到来前看完了这本书,无疑,这是个不眠夜。关于这本书,可能因为有太多感受,有太多想说的话,我反倒不知从何谈起了。但书中令我印象最深刻的话,一定是那段——"那么羊听到了吗? 羊谅解了吗? 这是一个被宰杀者看着长大的生命……宰杀它的人,又有什么仇恨和恶意呢?"一连串的疑问使我默然,动物不会知道我们的抱歉,它们只能感受到死亡的恐惧,而那恐惧来自我们——高等的人类。

　　也许太过巧合,在那个夏日的傍晚,于某个街角,我看见了一个商贩在路边做着羊肉串,是个寻常景象,可半米开外——半只巨大的、被剥了皮的羊,凄惨地被倒挂在路边,一副血淋淋的场景。只一眼,我就慌忙转移视线,加快步伐,告诉自己那些与我无关,像在逃避什么……

　　我们没有恶意,更没有仇恨,我们甚至会愧疚,但我们还是在宰杀。人性,太矛盾了。这些疑问也许不是我这个十四五岁的少年该妄论的,我要知道的只是人与动物都没错,人饲养家畜的初衷就是为了果腹。屠杀者与被屠杀者,无论旁人作何感想,他们终究各有各的用处。正如书中写的那样"只要安心就好",无愧于心,便不后悔。(这一串内心独白是一种自我反思,是兼有深情与克制的对日常生活感悟的记录。）还记得孩提时期，大人们都饲养着不少家禽，到了过年团圆时便杀了庆贺，来年又再饲养……那个时候，我偶尔还会跑去向爷爷告状，说大人们这样做不对，可爷爷总说：这是人养的东西，因为人，它们才存了下来，为了我们的庆祝而死，是死得其所，没什么对错。如今，我也懂得了那根本没什么，也许，这就是所谓的生与息，这就是所谓的"安心就好"。

　　一切的宰杀与救赎、安心与不安都在持续着，消失了的，却好像是那些最简单的东西。

　　春天接羔，夏天催膘，秋天配种，冬天孕育。这是阿勒泰天然牧场中哈萨克民族的生活轮回，纯粹而源远流长。（这两句话非常简练，但同时又富有哲学意味，看来，这个特别的地方已经走进了阅读者的心灵。）这些被守护了数千年的传统，在当今这个时代是很珍贵的。但这样的传统即将于现代文明的光环之下落幕了，我们也许都会像李娟那样发出一声惋惜却无奈的叹息吧。

　　小时候过年玩的是贴年画、放爆竹，而现在玩的是手机、平板电脑；小时候吃的是父母细心准备的饭菜，而现在总以外卖了事；小时候感觉自己可以是全世界，而现在却开始感受到自己的渺小。（通过前后对比，突出时代变迁中一些富有温情的事物正在消失，无奈惋惜之情隐隐地从笔端流出。）如今，我每年回到故乡，故乡的改变都会把我吓一跳。记得有一年寒假，我跑遍家附近的几条街，只是想买到从前吃过的杨梅干。后来我终于放弃，因为我所看见的只有繁华的商场超市，那间卖杨梅干的木头屋子，不知被谁丢在记忆里任其消散了。看着故乡越来越宽敞的道路、越来越高大的楼房，我也许该开心，但路边隔得越来越远的人、越来越少的山水，却使我无法开怀地笑……

　　"人们觉得幸福不是因为他们活得舒适，而是因为他们充满希望。"从孩提到少年，从幼稚到成熟，从故乡到异乡，经历不少，见证太多。可我愿意相信美好总会留下些礼物，不美好总会带来些成长，一切都会过去，我们总能握着些希望。（本段落文字量不大，但可以让我们感受到满满的正能量，这是阅读带给读者最好的礼物。）

　　夜，前所未有地静。不是空旷的静，不是岁月的静，是人间的寂静。人终究是矛盾而又无法泯灭希望的，我们在宰杀，我们也在维护，我们在发展，我们也在遗失……千思万感汇为一句——但愿人们吉祥如意，但愿世界吉祥如意。

点评

　　《冬牧场》的文学视域远远超过具体的地理界线与时间限定,李娟文学的独立性使一般的读者很难用文字来品评它。全文以阅读感悟为线索来抒写"美好总会留下些礼物,不美好总会带来些成长"的主题,最大的亮点是将作品中的内容与自己经历的现实生活巧妙地联系起来,通过引用原文和自我反思相结合的方法,不断探寻、思考并有所收获。

书海拾贝

　　人生本来就是一种较广义的艺术。每个人的生命史就是他自己的作品。这种作品可以是艺术的,也可以不是艺术的,正犹如同是一种顽石,这个人能把它雕成一座伟大的雕像,而另一个人却不能使它"成器",分别全在性分与修养。知道生活的人就是艺术家,他的生活就是艺术作品。

——朱光潜

每个人都是化身孤岛的鲸

——读《十五岁的星空》有感

◆学校:海宁市第二中学　◆作者:胡文漪　◆指导老师:裴正一

小说的主人公是一个桀骜不驯的女孩。她像海藻一样,由着自己凌乱而草率地成长,肆无忌惮地破坏,但与她长满尖刺的外表不同,她的内心柔软而敏感,渴望爱、渴望被理解、被接受,又害怕被抛弃。这样的反差让小主人公深感孤独。(用比喻形象地写出主人公桀骜不驯的外在特征,同时又和内心的种种渴望形成强烈对比,突出"十五岁"深感孤独的特征。)

看着她,我忽然想起了一头鲸鱼。她叫爱丽丝(Alice),她被称为最孤独的鲸鱼。她能发出52赫兹的与众不同的频率,而正常鲸的频率只有15～25赫兹,这使爱丽丝在其他鲸鱼眼里就像是个哑巴,她这么多年来没有一个朋友。人们想象她是一头孑然一身的鲸鱼,在大海中独自游动,唱着无人能懂的歌。人们想象她毕生都在呼唤着自己的另一半,却始终没有回应。人们想象她是一支独一无二的号角,面对大洋深处,发出过去不曾有过、将来也不会再有的呐喊。(用排比句写了鲸鱼爱丽丝的孤独,拟人手法的运用更添了几分伤感和无奈。)

韩西汐像极了这头孤独的鲸。也许不仅是她,我们也是。

我们从青春走到荒芜,从炎炎夏日走到瑟瑟冬季,一路迁徙,一路寻找。孤独的自己在茫茫人海中用力发出寻找同伴的信号,奈何没有人能够辨识我的讯息。在大多数人眼中,我是那么另类,那么怪异,那么不能被理解。("寻我""另类""怪异"等词透露着青春的孤独和敏感,上文孤独的鲸正是此间少年啊。)

然而与常人相异并不可怕,我依然能够看到地中海的天晴,西伯利亚独一无二的雪景。可我那些比美景更美的故事说给谁听呢?这可能是人们最怕的心事了。

我们就像一头鲸,那么温柔;我们就像一头发错频率的鲸,那么孤独。我们像孤岛一般存在。真怕,就这样穷尽一生。

有一段时间特别喜欢伍美珍作品里的一段话:

> 每个人都带着一颗孤独的灵魂来到这个世界,每个人都在寻找能彼此温暖和辉映的另一颗灵魂。
>
> 但不是每个人都能够找得到。
>
> 即使遇到了,也因为种种原因,阴差阳错,无奈地再次分离和漂泊。
>
> 所以,很多的人,最终还是带着他们破碎的愿望,带着他那颗疲惫而孤独的灵魂离开这个世界。

我们都是一头发错频率的鲸,当我们走过漫长的悠远的时光后,如果有幸,能遇到那头与自己频率相同的鲸,那颗能够彼此温暖辉映的灵魂,它或许会因为之前沉舟枯寂的时光,显得弥足珍贵,就像一点纤弱荧光折入深渊,恍若整个温软人间,更让人珍惜。(这一段里用了两个比喻句,非常巧妙地形容了十五岁少年对这个世界独特的感知和理解,字里行间透着光与温暖。)

点 评

这无疑是一篇美文。美在文笔,生动贴切的比喻、富有哲理的文字,特别能引起同龄人的共鸣;美在思想,青春是孤独的、敏感的,却又是美好的。小作者对作品有深入的解读,从而获得了属于自己的独特感悟。全文初读时感觉有些淡淡的忧伤,实则蕴含着不屈的顽强和积极的态度。

青春中不败的向日葵

——读《盛开.致大世界里小小的你》有感

◆学校:海宁市新仓中学　◆作者:宋舒宇　◆指导老师:钱林焕

"匪以花为美,有取心向日。"

——题记

这一刻,夏季已经结束了。漫天飞舞的虫子钻进了未知尽头的黑色夜空。《盛开.致大世界里小小的你》,这二百五十四页的文字也辗转成歌,成花,飘进我的耳中,开在我的心中。(美好的文字最终辗转成花开在心中,作品带给读者的影响力竟然可以如此诗意地表达出来。)

青春就这样,静卧在那开满大朵大朵金黄色花的田野中,他们灼烧着我的瞳仁。

是的,向日葵。

记忆中的阳光明亮到近乎奢侈,向日葵亦如阳光般灿烂极了。忘记了是何时何地见到的,第一眼便极喜欢,恋上了那灿烂的颜色。("恋上"一词生动地写出了小作者对向日葵产生了非同一般的情感。)也许,只有自己知道,笑容之后有多累,灿烂的外表下有多少忧伤。一直以来,执拗的我便如同向日葵般努力扭转自己的身躯,拼尽全力来追逐一束阳光。一生只有一次荼蘼花事,此花过后再无花。

青春如同张珂的《终日漫长》,这个世界上的想念如此漫长,漫长到在孤寂的日子中可以想象出另外的故事,这个故事不用刻骨铭心,不用轰轰烈烈,也终会明白,情缘里千百种劫,眼泪和微笑向来是并存的。活着? 活着! 这个时候才会彻底明白,声音是具有力量的,只有在心力交瘁的时候,才能感受到那穿胸穿脑而过的力量,仿佛利刃穿过,刀柄还留在人身上,李倬尔的《活着》亦是如此铿锵有力。

林为攀的《马蹄并蒂》又是那样真实，镜面像是被船桨划破的水面一样，把镜子拼到一起，还原了一个完整的自己，只不过自己的脸像是被刀划了好多伤口。(这一段列举了书中的几篇文章，概括时抓住了每篇最核心的话题，表达视角独特。)

青春的记忆如同一列奔跑着的火车，载着我成长的碎片一路散落，一路流离。仍记得五岁时的模样，梳着短短的马尾辫，穿着牛仔的小裙子，有着初到幼儿园的惊诧和不安，小心翼翼地融入进去。心中只有一个念想，渴望被人认同。不会服输，也决不放弃，尽一切努力，执着地维护着自己的小小尊严。(白描手法勾勒出一个非常生活化的小场景，这一幕足以唤起很多人的记忆吧。)

我总幻想着，口袋里装着坐井观天的小幸福，但是绝大多数幻想，最终都被时光风干，成了枯萎的标本。

我记得自己在一抬头就能看到的地方写上自己的理想学校，我记得自己几次倔强地睁大眼睛不让眼泪流下来，我记得自己在试卷上画过的每一道深深浅浅的痕迹，我记得凭借自己的努力终于抹去了内心的自卑感。

我只是希望，希望自己永远永远都要如最初般执着努力，如同向日葵般执着地朝向太阳。我也相信经历过涅槃的向日葵会更灿烂。我愿意自己仍是那个在寂寞时跟从彩虹的弧度弯曲小指的孩子，可以毫不畏惧地迎着扑面而来的困苦，变换属于自己的剪影。

世界虽大，我虽小，那些过往的印记如葵花般盛开，灼灼其华，开得那样好，那样繁盛与寂寥。"寻找阳光是我的本能，生命注定与众不同"，这些青春中真心的痴心的话，都是渐渐老去的回忆中永开不败的向日葵。

点评

本文以李攒《种葵》诗中的两句"匪以花为美，有取心向日"作为题记引出下文，奠定了抒情的基调。全篇文采斐然，笔触或细腻温婉，多用妙喻；或生动活泼，引起共鸣；或深沉含蓄，令人思索。结构上层层铺设，始终围绕作品带给自己的思考和感悟来写，最后一段盛赞向日葵的特殊意义，起到了画龙点睛的作用。

时光不再,熟悉作古

——读《原来姹紫嫣红开遍》有感

◆学校:嘉善县第一中学 ◆作者:沈书颜 ◆指导老师:张亚萍

第一眼看到这本书的书名《原来姹紫嫣红开遍》时,脑海中便呈现《牡丹亭》里的著名唱段:"原来姹紫嫣红开遍,似这般都付与断井颓垣。良辰美景奈何天,赏心乐事谁家院……"我并不是昆曲迷,只是在其他书中偶然瞥到过这个唱段罢了。

于我而言,咿咿呀呀的昆曲似乎更接近上个世纪的余韵。一提到它,总会有一种古老而不可言说的惆怅感,仿佛看到了一个穿着旗袍的女子置身于江南旧巷中,在朦胧的雾气和烟雨中撑着油纸伞,踏着被细雨洗刷过的青石板,袅袅婷婷地漫步。(本段用词细致精工,将昆曲带给自己的感觉比作穿着旗袍的女子袅袅婷婷地漫步,可谓匠心独运。)

不过,这本书并没有让我有身处于温和细腻的江南水乡的代入感。作者开篇便描绘了她的故乡——漠河,在立春时节,那儿仍是霜花满目,银装素裹。(两个四字短语充分地展现了漠河的特点,用词妥帖,不见雕饰。)凛冽的东北于我,根本就是一个完全陌生的地方,我出生于温暖的江南,没有去过那里,对它的印象大概也只有春晚时的哈尔滨会场那一派冰雪圣地的模样了吧。

书中平实质朴的语言让我浮躁悸动的心逐渐沉静下来,陶醉在那如行云流水般的文字间。我不再纠结于为何一本背景在辽阔的东北的书,会取一个如此小家碧玉、江南气息扑面而来的名字,而是沉下心来用心体会这本书。我可以看见,漠河的春天是一点一点化开的,柔软娇嫩的野花野草汪洋恣意地生长在残雪消融后的原野上;我可以闻到那儿的清新空气,甚至能够嗅到泥土的湿润气息弥漫在空气中;我可以真真切切地处于书中,与童年的作者和她那条名为"傻子"的狗一起悄悄地脱离外婆的视线,去外面的天地自在地玩耍嬉戏。(三个"我可以"构成了一组排比,小作者斟字酌句,用活泼生动的词句铺陈了作品中趣味无穷的世界。)

　　一页一页品读下去,最让我产生共鸣的,乃是与本书书名同名的"原来姹紫嫣红开遍"这一章。在本章,作者用较大的篇幅描写对于年货的记忆。从腊月宰猪、宰鸡、买鱼到换豆腐,再到对冻葱、芹菜抗寒性的回忆,还有那唯一的冷盘苹果;从糊灯笼、写春联,再到进城买年画,去百货商店……这都是生活在江南,生活在二十一世纪的我从未想象过的,更是从未经历过的过年记忆。这些平凡而琐碎的小事,如同一块嵌进凹槽的温暖小石块,将我的记忆激活了。

　　我记得家人为了做客或是做主人而忙前忙后——大扫除、腌腊肉,也记得亲戚们在一间小而简陋的屋舍中齐聚一堂,周围是被灶头熏黑的墙壁、古旧的桌椅,还有满桌的菜肴。若是幸运的话,能遇到一个下雪的年。天空中纷纷扬扬而落的雪花在南方并不常见,即便是落下也未必能让周遭都染上一片银色。而那时的我实在是幸运无比啊,不止一次享受到了雪的降临。我常与哥哥姐姐们在屋外堆雪人,冰凉的雪融化在掌心中,手被冻得通红仍是满不在意;又有时戴了手套去堆雪人,融化的雪从棉质手套的缝隙中一点一点渗进去,整双手都是湿润的感觉……

　　那时的我无忧无虑,在一个个"年"中逐渐地长大,却也逐渐丧失了那样的"年"。正如作者一般,对她来说,如今的"年"已经只需食用来自暖棚的施用了化肥的蔬菜,而非当年自家田园产出的储存在地窖里的蔬菜;只需买现成的灯笼与春联,而再也不用亲自动手制作;只需按下按钮,就有电灯的光亮温暖整间屋子,而不用再备下蜡烛。而年画更是成为昨日的风景,再也难觅其踪迹了。(此段由书中的场景联想到自己的生活,含蓄地表达了对现实生活中"年味"渐淡的惋惜之情。)

　　正如作者所言,"我们的生活变得越来越便利,越来越实际,可也越来越没有滋味,越来越缺乏品质"。而对我来说,记忆中的年,显然已经一去不复返了。当年亲朋聚集的小屋早已被拆,饭菜已然是酒店为我们事先准备好的。即便是在最为热闹的晚宴上,大家也是各玩各的手机,偶尔碰个酒杯夹个菜,再也没有当年的温馨感。

　　"原来姹紫嫣红开遍,似这般都付与断井颓垣。"这句《牡丹亭》中最著名的唱词一直在作者的心中鸣响。我们的"年"正似那断井颓垣吧,只在回忆中仍保留着那般姹紫嫣红的模样。当年为了"年"的到来而辛勤的付出,在如今看来,亦只是付与了断井颓垣罢了。

　　现在,我终于明白了,为何本书的书名会是这样一个与其背景截然相反的名

字,明白了作者的用意。

"黄鹤一去不复返,白云千载空悠悠。"时光不再,熟悉作古……

点 评

迟子建的散文大气且有深度,正如小作者所言,需要"沉下心来用心体会"方能真切地感受到作品的魅力。本文用词细腻婉转又不失朴实自然,小作者的文字功底相当扎实;写作技巧也是信手拈来,大量运用了比喻、对比、引用等修辞手法,生动地再现了书中的部分场景,清晰地表达了引发的一些思考。从纯粹的文字当中,可以想象到小作者虔诚地边读边悟的情景。

似水年华　且行且拼搏
——读《打一把人生的钥匙:刘墉散文》有感

◆学校:桐乡市第六中学　◆作者:陆钱好　◆指导老师:沈一飞

关山万里长,这山一程水一程的,都得自己只身前往。通向人生的每一道门,若是你心不甘情不愿,夹杂在那蜂拥而去的人群中,挤上了那窄窄的独木桥,像是被操纵的木偶,听命于生活,在如此熙熙攘攘的人群中漫无边际地走着,你必将会成为那千千万万过河的卒子中的一员。(整一段话用了很多比喻来写一种人生感悟,冷峻的分析富有哲理,给人很大的遐想空间。)

"高处不胜寒",能够站在顶峰的只有那寥寥数人。他们走过的路,并没有别人描绘的那么崎岖艰辛,也不会是坦坦荡荡的一帆风顺。刚开场的竞赛,大家都是同一水平,你在拼搏,在挥洒汗水,你的身边,是不断催促的老师与父母;他们的身边,是调好了的闹钟。为了成绩,为了老师,为了考试,为了父母……你有千千万万个逼迫自己的理由。他们呢? 也有。为了自己而拼搏!"自立"这道大门,就淘汰了不知多少人。

求学像登高,不由山脚一步步往上走,是攀不上顶峰的,很多你学到的"不像学问的学问",正是那自山脚而上的阶梯。科学,一门仅靠硬背无法掌握,更需要理解与运用的学科。理科偏弱总是容易被拉下许多分,升入七年级后,我赶去书店买了两本科学册子来练手。不知是题目太难还是理解不透彻,错误率有时直逼百分之五十,那段时间总是在课间行色匆匆地往来于教室和办公室之间。跑了大半个学期的办公室,却被一次颇难的文理科联赛打回原形:离满分差了十八分,与科学第一名有十分之差。("打回原形"这个短语用得妙,这是一种自我嘲讽,可以真切地感受到学子承受的压力,竟是那样痛楚和忧伤。)看着那不堪入目的数字,不由得涌上一丝灰心与羞愧:大半个学期的课余时间浸在科学里,却考出如此不理想的成绩。有一两天我都不愿意再去办公室问老师错题,宁愿查百度或问同学。甚至有些自暴自弃,想着不要再钻科学了,我可能天生不是这块料,何必苦苦吊在这棵树上,还得不到好结果呢!但《打一把人生的钥匙:刘墉散文》让我渐渐醒悟,在人生的路上,有一条路每个人非走不可,那就是困难时候的弯路。不摔跟头,不碰壁,不撞个头破血流,怎能炼出经得起风雨的心?(三个简短的否定句叠加,配上反问的语气,看似口语化的表达却隐含着深刻的感悟,这样的表达很有技巧性。)我又拿起了练习册,执起了笔。错题本上记下每一次犯错的题,简单的,难的,都经过冥思苦想后再跑去请教老师;做做课前预习,梳理出难点。小到课堂笔记的温习,大到一张张试卷的磨砺,功夫不负有心人,一道道难题迎刃而解。成绩若是一帆风顺,又怎能有危机感?没了危机感,又怎会为之努力,奋发提高呢?学习是为了自己,若是不拼搏不努力,又怎么能无所畏惧地打开一扇扇人生的大门?

有两个被英语老师反反复复念叨的单词,"must"(必须)和"have to"(不得不),它们意思相近却能够改变一个人。"我必须学到最好!""我不得不学到最好!"前者是激励,鼓舞人心。后者是无奈,厌倦与被迫的无精打采。知识是自己的,学习是为自己,不是为别人。我希望自己是选择前者的人,可以在不断的自我激励与努力中摸索到那一把人生的钥匙,用勤奋去捶打它,打开人生道路上那一扇扇大门。(读刘墉的文字会给人勇气、自信,这一段"心灵的震撼"应当是阅读中得到的至真至诚的感悟。)

把握人生最美好的时段,为自己做点学问吧!

只因为,我要在纯净的心版上,多记录些美好的事物和前人的智慧!

只因为,我要为自己而努力,锻造一把钥匙,去开启人生的每一扇门!

点评

读刘墉先生的作品可以增强观察周围事物的能力,发现生活中的美好,撰写本文的小作者显然是从中受益的对象。全文的可贵之处是"要言不烦",学习路上遭遇的困难和感受写得真实而细腻,想要放弃的时候,《打一把人生的钥匙:刘墉散文》给予了其智慧和勇气。结尾处三个句子各成一段,发人深省,耐人寻味。

抒心中之书
——读《诗书漫卷的时光》有感

◆ 学校：上海外国语大学秀洲外国语学校　◆ 作者：汤佳颖　◆ 指导老师：陆志春

　　舒心，抒心，梳心，书心。（开篇的四个"心"构成了一组特别有意思的排比，读音相同而立意不同，可谓语出惊人。）

　　古人云："书中自有黄金屋，书中自有颜如玉。"纵观中华五千年历史文化荟萃，有清代萧抡谓"一日不读书，胸臆无佳想。一月不读书，耳目失精爽"的痴迷沉醉；也有宋代理学家朱熹"问渠那得清如许，为有源头活水来"的灵动脱俗；有爱国诗人陆游"古人学问无遗力，少壮工夫老始成"的亲身实践；更有大成至圣先师孔子流传千古的"敏而好学，不耻下问"的潜心倾听。足以证明，书乃身之宝，心之想，物之灵。（此段在说理时旁征博引，强调了读书对每一个人而言都有着妙不可言的意义和深远的影响。）

　　朋友啊，你可曾在一个慵懒的午后，翻开一本读了一半的好书，鼻尖萦绕着淡淡的墨香，独自沉醉至黄昏日暮？你可曾透过书页上一行行的黑色字符，看到主人公丰富多彩的人生，看到作者细细修饰的辞藻？（表面上连用两个反问来引起"朋友"的思考，实则是为下文赞美自己喜欢的那本书做铺垫。）

　　《诗书漫卷的时光》，正如它的书名所言，当你翻开书的第一页，你便进入了文字的海洋，与作者一起体会阅读的乐趣与感悟。这本书收录了来自几十所不同中学的学生的优秀作品，或是感悟，或是续写，抑或是自己的阅读经历，字里行间处处流露着对阅读的热忱与深刻的体会。当你阅读着一篇篇文章时，你或许会感到诧异与疑惑，不过是十几岁的学生，怎能写出如此蕴含哲理、优美灵动的感悟呢？甚至有些道理竟比成年人理解得还要透彻！我想说，这不正是阅读带给我们的吗？我们在阅读的同时，也在不断地汲取着新的知识，不断地磨炼着自己阅读的能力,不断地改变着自己。

随着指尖的转动,一页页翻过去,似乎岁月流转,竟令我恍惚起来。在逆境中充满希望的基督山伯爵,龙应台敌不过时间的一次次目送,即使在灰暗天空中依然透露出微光的巴黎圣母院,鲁迅先生笔下粗俗却善良质朴的长妈妈,老渔夫与大鱼激烈勇猛的海上搏斗⋯⋯破碎的片段一次次地在我脑海中上演,最终拼凑成了一个个曲折而迷人的书中情节。我和他们——这些小作者一样,是多么热爱手中的书本啊!牙牙学语时,我与书的缘分就播下了种子,那时最大的乐趣便是看那一本本色彩斑斓的涂鸦本与绘本,虽然不识字,却也能叽叽呱呱乐上好半天。(拟声词"叽叽呱呱"用得太可爱啦,一个大字不识几个的孩子看着绘本时的兴奋喜悦的样子跃然纸上。)上了小学,视野逐渐开阔,看的书也越来越多了。就像是着了魔似的,舍不得浪费一点点时间,常常看着看着便不知不觉过去了一个下午,于是便被同学们亲切地称呼为"书呆子"。如今到了初中,虽然紧张的学习与烦琐的事务将我的时间排得忙碌而紧凑,但我依然愿意努力挤出时间用来阅读,让忙碌的学习生活多一份充实与乐趣,每每这时候,我的内心便有一种难以言表的畅快。我想,古人说的"书中自有黄金屋",也便是如此了吧。

加布瑞埃拉·泽文在《岛上书店》中的一句话我很喜欢——"没有谁是一座孤岛"。的确,在这个世界上,没有谁会成为一座孤岛,更何况有书的陪伴。待世间的繁华落幕,我只能在书中求得片刻宁静。那里远离喧嚣吵闹,是最为纯净的净土。

诗书漫卷的时光,散落一地诗书。

点 评

"用真挚的情感表达自己读书的心得体会"是本文的一大亮点。阅读《诗书漫卷的时光》的欢喜之情犹如涓涓细流,缓缓流入了读者的心田。小作者由古人读书之收获讲到自己读书之满足,字里行间洋溢着享受和喜悦。这种阅读情绪带出的舒缓灵动、韵味悠长的行文风格,没有较强的语言驾驭能力恐怕是做不到的。

享受孤独
——读《回顾所来径》之《困境》有感

◆学校:海盐县博才实验学校　◆作者:罗佳琦　◆指导老师:夏　勤

　　若一个人学会了享受孤独,又能在孤独之中不迷失方向,那么他才会真正地成长。

——题记

　　《回顾所来径》是席慕蓉的一本抒情散文集,而其中《困境》这篇文章打破了我内心深处的某个角落的平静。

　　席慕蓉刚离家去欧洲读书的时候,经常写家书,也收到了父亲的许多回信。而有一封信里,父亲称她为小野马,并表达了自己深深的思念之情。一段来自父亲——陪伴席慕蓉许多年的人——本能的表白,却让她恍然大悟自己已经与初衷渐行渐远。席慕蓉的"困境",就是在大多数人的生活和她极为珍惜的创作上独来独往的生活中做选择。

　　"在这人世间,有些路是非要单独一个人去面对,单独一个人去跋涉的。路再长再远,夜再黑再暗,也得独自默默地走下去。"读到书中的这句话时,我的心猛地跳动,眼睛也盯着它久久无法移开,它瞬间敲醒了我的脑袋。("它瞬间敲醒了我的脑袋"运用通感,化无形为有形,形象地表现了书中那句话带来的威力。)

　　在当今喧闹繁华、人心浮躁的大城市中,有几个人能承受得了孤独?又有几个人在追求理想的途中不畏孤独,走完了这旅程?孤独这种状态,很多时候被人视作一种困境。因为身处孤独,便代表身边无人与你同行,寂寞时没人陪伴,欢乐时没人分享,伤心时没人安慰,就仿佛活在一只巨大的真空罩子里。但有时候,这种孤独能帮你隔绝来自外部环境的干扰,让你重新睁开审视自己的眼睛。

记得幼时,我梦想要当一名音乐家,而笛子正是我的拿手好戏。对实现梦想的强烈渴望,使我放弃了与同伴们一起玩耍,放弃了假期外出游玩,甚至放弃了不知多少天的晚餐。这些都只为获得一点小成就时那无法言语的欣喜与巨大的欢腾。我还曾以为这个梦想会伴随我一生并且变成现实,但随着年龄的增长,越来越多的事物融入了我的世界,我在音乐梦的路上也坎坷重重。我越来越向往没有独自练习的寂寞,能有更多时间去欢笑着生活。终于,在一次练习中,无止境的失误使暴躁的情绪充斥着我的神经,这也成了压垮骆驼的最后一根稻草。我放弃了我的音乐梦。它也在苦苦挣扎后,成了大人们所说的"幼稚的想法"。而曾经和我一起学笛,坚持下来的同学,当年略逊一筹,现在却已考过十级,随时都能在文艺活动中大显身手,不得不让人羡慕。

这是他们挨过了孤独的奖励。("奖励"这个词当中包含着几分羡慕,但更多的是赞美和肯定,这是经历者最真实、最真诚的感言吧。)

在孤独之中,我们依然可以保有自己的梦想、执着以及品质。当你内心笃定时,孤独将无法侵蚀你,甚至会变成一道阻隔外界干扰的屏障;当你审视自己时,梦想和执着便会在孤独底色的衬托下,闪闪发亮。

对孤独这个词,我想海伦·凯勒是最有发言权的了。海伦在一岁半时整个世界变得一片黑暗与寂静。在她看来,那时的世界好像只有她一个人存在。但她并没有向命运屈服,拼命地学习认字、说话,还学会了写字、手语,而取得这些成绩,她仅仅花了三个月。此后,海伦每天学习十个小时以上,她的学习能力与水平超出常人不知多少。她的一生都是孤独的。她孤独着,更快乐着。(以海伦·凯勒的经历为例,有力地证明曾经走进孤独深渊的人可以凭借努力获得成功。)

那些曾经走进孤独深渊的人,最终也能走出来。

在经历过孤独的人的身上,似乎凝结了某种更加强大的磁场,这种磁场会转化为对信念的执着,也会转化为他们正视自我并努力生活下去的力量。

席慕蓉的一部部优秀的作品,都证明她在"困境"中选择了后者。这是正确的选择。正如赫胥黎所说:"越伟大、越有独创精神的人越喜欢孤独。"

在无尽的学习生涯中,我们不免也要饱尝孤独滋味,放弃许多"享乐"的机会,在这孤独的锤炼中,我们会逐渐认识和修正自我,获得他人无法触及的成就。(孤独的锤炼后能逐渐认识和修正自我,告诉我们在生活中、学习中应该以积极的心态辩证地对待"孤独"。)

我们应学会享受孤独,因为,我们经历的所有孤独,都是成长的必经之路。

点 评

　　小作者将读后感的写作着力点定位在自己和海伦·凯勒身上，分别证明"挨过孤独有奖励"和"走进孤独深渊的人也能走出来"，并最终揭示本文的主旨——我们经历的所有孤独，都是成长的必经之路。如果说现实生活中亲历的事例能引起他人共鸣的话，那么名人事例则更加掷地有声。本文选取材料时两者兼而有之，可谓用心至深。

书海拾贝

　　我们都相信人总是要死的，相信生命像一支烛光，总有一日要熄灭的，我认为这种感觉是好的。它使我们清醒，使我们悲哀，它也使某些人感到一种诗意。此外还有一层最为重要：它使我们能够坚定意志，去想法过一种合理的、真实的生活，随时使我们感悟到自己的缺点。它也使我们心中平安。因一个人心中有了那种接受恶劣遭遇的准备，才能获得真平安。

——林语堂

因为你,我的青春与世界温暖相拥

——读《基督山伯爵》有感

◆学校:嘉兴一中实验学校　◆作者:徐林妍　◆指导老师:沈燕飞

让我们来谈一谈关于恩仇与希望的故事吧。

因为某些不想言说的理由,年轻的我,一度产生厌世的心理。我来到世界上,原本是一件美好的事情,也就是说,我应当感激这个世界啊。可是生命的美好堪比华美的瓷器——我们被赋予了可以感受各种美好的资格,但是再美丽的瓷器终究是易碎品,惨白的碎片清晰地照见了人们厌恶的、恐惧的一切。无视了造物主创世之恩,我的呼吸仿佛都是劳累不堪的:这样碌碌活着实在是太累了,身上被压着的期待和希望超过了负荷的最高界限。(这句心理描写虽然略显夸张,却非常真实地表达出内心的压抑和无助。)"感恩"这样的词语在苍白的词典中模糊了。在过大压力的背后,是仇恨,是绝望,是被浮躁吞噬的身影。

下雨的秋天,萧瑟的是梧桐树的叶子。坐在路边的咖啡馆里消磨度日,此刻的我怀着怎样的心情呢? 连自己都不清楚。雨水流动在空气中,寒冷扑面而来。我感觉世界在渐渐被冲掉颜色,正在发生的故事都变得单一起来。在我灰色的风衣上,时间跳动着,这也许是在那样的日子里活着的仅有的实感了吧。待到手中的苦咖啡也凉了后,朦胧中仿佛有人在往杯子里注入温暖的液体。定睛看后,发现是一个服务生。奇怪的一点是,他并没有穿店里的制服,而似乎穿着不属于这个时代的衣服——深绿色的斗篷和老式的帽子,颇有复古的风味。我上下打量着他:深邃的瞳孔,苍白的面容,具有欧洲特色的五官。大概是个三十多岁的外国男人。(抓住服饰、外貌特点,描写眼前这个人的与众不同,设置悬念,吸引读者的兴趣。)"小姐,您好像对我的衣着很感兴趣?"他径自在我对面的空座位上坐下。我也没有再看他。"你看起来好像有什么烦恼?"他说这话时,用了一种毫无语调起伏的口吻。我本来并不想回答,但是不知为何,有一种特别的冲动,犹如命运指使一般,我缓缓说道:"没什么,只是有点……讨厌这个世界。我现在感受不到任何温暖。"原本是想说出来让自己好受一些,反而把这短短几句话说得有些哽咽了。还没有等他接上下一句话,我又恨恨地说道:"甚至想……对世界报仇。"他依旧没有流露出任何神情。雨下得不动声色,安静地听我渺小的演讲。

我还没有从向陌生人吐露心声的不安中回过神来,他不紧不慢地开口了:"你一定读过《基督山伯爵》吧。""是啊,那个漆黑的复仇鬼即使在当今仍旧颇负盛名呢。"我还没有了解他说这话的用意何在,就自然地谈论起这书来。曾经,我真的十分痴迷于这本书。他没有再看我,又自顾自开口了:"不知道你在读书的时候有没有注意到一个有趣的细节。""是什么?""那个爱德蒙在报复仇人之前是先向恩人报恩的。"我一时惊住了,我确实记得有这样的情节,但是完全没有在意。"那又怎么样呢?"我很轻很轻地、近乎叹息地说出这句话。怎么样?仿佛是在质问自己一般。我的内心突然开始炸裂了。"是的,在多少版本的此书的引言中,'报恩复仇'一词是从来不会被遗漏、删减、更变的。"我的脑海中渐渐浮现出各种画面。从"恩"这个小小的字延伸而出:这个世界给予我可以欣赏无数美景的眼睛、可以放声大笑的喉咙、可以自由舞蹈奔跑的身躯和一颗柔软可爱的心灵。如果我没有出生在这里,又怎么知道呢? 这个世界上还有睡到自然醒的快乐、妈妈做的恰合口味的早餐、踏着铃声走进教室的小幸运、抓住朋友笑点时的小小自豪……这么多这么多温暖而幸福的瞬间,你都忘记了吗? 所以——你的恩人是世界,你的仇人也是世界,如果按照先报恩的顺序,那么就选择用这么多快乐的瞬间来消除内心的恐惧吧! 想了那么多,我的眼角开始渗出泪水。(此处连用两个反问句,加上大篇幅内心独白,这是思想转变的开始,预示着个人的心灵和精神的成长。)

突然降临在脑海中的想法——想要深情地对这"残酷"世界说声:"谢谢你!"也许,没有这些残酷,我也不会成长。当然也要谢谢那一个人的出现啊!

还好没有把自己的内心世界太明显地映射在脸上,不然对面坐着的人一定觉得我是个傻子。他也真没有注意到我刚才的变化,爽朗地笑了:"哈哈! 你还那么年轻,好好报答这个世界、报答自己吧!"他丢下了这一句话,没等我把"谢谢"说出口,便起身准备离开。"请等等! 至少请告诉我您的名字啊!"他没有再理会我,没有回头,只是依旧踏着风一样的步伐,在这条路的尽头挥挥手,留下一句话:"等待——并心怀希望吧!"

风吹过我的脸庞,暖暖的,似乎还有甜蜜的香味。雨后的蓝天映在我的瞳孔中,桌子上除了尚有余温的咖啡,还有一顶深色的帽子。

次日,还没等这家咖啡馆开始接待客人,我就兴冲冲地捧着这顶帽子冲进门里。可能那几个服务生被往日里忧愁的我今天的异样吓到了,久久没有移开视线。我已经激动得不能自已:"请……请问,你们这儿有没有一个穿着斗篷戴着帽子的外国服务生啊?"我又举起帽子指了指。店主答道:"不好意思啊,小姐……我们小店才刚刚开张,服务生也都穿着制服,而且到如今连外国客人都还没有接待过呢……"

我又握紧了手中的帽子,生怕它会随着某个人就这样消失了。

因为你,我的青春与世界温暖相拥。(这个结尾真是出人意料,此前"我"和那个人的交谈到底是真是假?无论怎样,小作者已然明白了什么,那就是最好的结局。)

点 评

本文的特别之处在于小作者对故事的内容几乎没有涉及,而是着眼于作品带给自己的巨大影响。开篇以一句"让我们来谈一谈关于恩仇与希望的故事吧"拉开序幕,这样的处理干净简洁又极富吸引力。更加有意思的是文章的整体构思——现实和虚构的高度融合。"我"面对学习压力时遇到了一个特别的人,在和他交流《基督山伯爵》的过程中,"我"对现状有了新的认识和感悟。小作者驾驭语言的能力也很强,其中不乏感性的描写和理性的思考。

读《雨季不再来》有感

◆学校:嘉兴市秀洲区高照实验学校　◆作者:王梓懿　◆指导老师:徐益晴

　　在淅淅沥沥的雨声中,我看完了《雨季不再来》。

　　《雨季不再来》记录了三毛十七岁至二十二岁的成长历程。三毛在自序中写:"人之所以悲哀,是因为我们留不住岁月,更无法不承认,青春,有一日是要这么自然地消失过去。"而今的我,正值豆蔻年华,是树梢上含苞待放的花儿,是还活在青春里的少年。若说人出生就像种下一粒种子,那么从进入孩童时期成为小苗再变成一个花骨朵儿,要经历一个长长的雨期。而从花骨朵儿到怒放的花儿,还要经历一个能给人带来巨大影响的雨季。雨期的雨是春雨,是带些甘甜的绵长细雨;雨季的雨是夏雨,是灿烂丰收前的暴雨。(将人生视为种子成长的过程,需要经历具有不同特点的雨,比喻新奇,带有少年色彩。)

　　三毛在《雨季不再来》中回忆了她生命中的一个雨季。在那个雨季中,她因觉学习枯燥而逃学读闲书;因作弊考零分的羞辱,而不再入学。她游学西班牙、德国、美国,她为一张撒哈拉沙漠的照片而痴狂……在这些经历中,她写下许多"忧郁而感伤"的散文,记录"造就今日健康三毛的基石"。今日的我阅读那些故事,在她的故事里找到了自己的影子与向往。(成长中有烦恼、有快乐,通过作品走进作家的心里,产生一种高度的心灵契合,这是何等美妙的感觉。)

　　关于儿时雨期的记忆已经斑驳。偶然去新同学家中玩耍,看到她桌上摆着的幼儿园毕业照,才恍然意识到我俩以前竟也是同一个班的。毕业照上每个人脸上洋溢着的纯真笑脸已变得陌生了,我拿着照片左看右看,不禁疑问:怎么我的皮囊没什么变化,却总觉得不再是同一个人了呢?

　　儿时雨期里的我没有任何压力,坐得端端正正地听着老师讲故事和简单的题目,扭头一望便是窗外蓝蓝的天,唯一的小心思便是放学拉着小伙伴,握着小硬币,冲进小卖部还能抢到什么好吃的。("小心思""小伙伴""小硬币""小卖部",此处的表达几乎没有修饰,童真童趣却真切可感。)当然,雨期里也会有雷声,是做错事时爸妈的责备,是打闹时跌伤的疼痛,是经历一些事后的小失落,是看见一些事后的小思考……

　　而随着时光的流逝,我长高了,变重了;我懂的多了,悟的多了,灵魂更丰盈了,也有了压力与烦恼。我在学习的枯燥中寻找有趣,为了心之所向而努力。心是满满当当的,努力付出后的成功比儿时的糖果更甜蜜。我对比这温和雨期前后的自己,仍会惊叹一句:"变化可真大呀!"三毛说:"而人之可贵,也在于我们因着时光环境的改变,在生活中得到长进。岁月的流失固然是无可奈何,而人的逐渐蜕变,却又逃不出时光的力量。"我对此感到赞同,更对即将到来的、充满挑战的雨季充满期待。在自己的雨季里,我会学习三毛在雨季中的勇敢,也会丢掉那些不成熟的叛逆;我会勇敢畅饮热情暴雨,也会不忘擦一擦脚上的泥泞,看看变化的自己。(学会勇敢、学会正视、学会坦然,成长需要"少年情怀",这是用心写下的思考和感悟。)

　　总有一天,我会像三毛一样说:"看这阳光,雨季将不再来。"

点 评

　　《雨季不再来》记录了三毛青葱岁月的心路历程,让我们认识了一个鲜活的三毛。初中生对此书尤为喜爱。撰写本文的小作者在"淅淅沥沥的雨声中"读三毛的这部作品,情和境很是相衬,也许是这个原因,写下的阅读感受最为纯净,最为迫切,又最为自然。陶醉书中,又从书中走出,对挑战雨季充满期待,勇敢地审视正在成长的自己,这应当是小作者阅读此书最大的收获吧。

读其一本，庆其一生
——《异常生物见闻录》读后感

◆学校:北京师范大学南湖附属学校　◆作者:凌心妍　◆指导老师:颜晓春

一个悠闲散漫的下午,阳光正好。我正带着书荒的百爪挠心,百无聊赖地逛着电子书城。(用"悠闲散漫"形容时间,用"百无聊赖"形容心情,与下文发现好书形成强烈的对比,给人一种好书来得太突然的幽默感。)突然,一本书吸引了我:最简单的白色封面,没有一丝一毫的花纹,上面用黑体大字印着"异常生物见闻录"。仔细一看,下面还有一行让人哭笑不得的小字:没错! 我就是封面。不同于其他电子书那劣质使人头晕的封面,它的封面仿佛来自另一个世界。

在这个阴差阳错的相遇后,我踏入了这本书的世界,却发现它的内容正如它的封面一样脱俗,引人注目。对我而言,这本书就如同被雾霾笼罩的天空中唯一的光亮。

它讲述了在一个造物主发疯后死去的世界里,几乎所有璀璨的文明都遭遇了灭顶之灾,房东郝仁带着他的一批房客为了保护帝国的文明多样性,去拯救,也去收尸。

海妖们生活在一颗名叫艾欧的原生态生命星球上,海水占了地表的百分之九十九,而海水之上则是不曾停止的狂风暴雨。他们向往海面之上,便在海底建造观察台,一百年以后,他们第一次看到了星星,尽管只是昙花一现,却也令他们为之心动。他们建造了飞船,但离进入宇宙只有一步之遥时,长子的炮火却将它粉碎了。

吉姆文明为了逃离长子,有着和地球相似文明的他们来到了卫星,建造了类似保姆的机器程序和拥有独立行动能力的机器人。当郝仁他们来到时,机器人们在用搏命的方式攻打长子回到母星。而人类因为有造物主的血脉,逐渐退化成了只能存活在培养皿中的单细胞生物和一摊碎肉。最后机器程序带着那些单细胞生物冲向母星自爆，而机器人则承接了整个吉姆文明。

它的世界观不是那北京十八环的小楼，而是整个宇宙。它的题材也不是萌物都市，而是宇宙穿梭，文明拯救。（用了两个"不是……而是……"的句式来强调作品的意义重大、题材新颖，给人留下深刻的印象。）它是一本充满生离死别的文明毁灭史，那一个个辉煌的文明重新化于尘土，让人感慨人真的很渺小。

不同于《三体》的黑暗森林法则，把欺诈冷酷完全剖析。这本书充满了人性的光辉和感动。（与热门的科幻小说做对比，仅用几个词语就清楚地阐明了两部作品的主题以及个人的情感倾向。）

这本书总在不经意间说出让人反思的话语，不同于其他小说的夸张，它的细节恰到好处，人物平常，却又让人合上书页之后，感慨万千。

想起郝仁来到一个被湮灭的文明中，最终却只带回了一个黑盒子，长五十六厘米，重七十九斤，却是这个文明知道无路可退后留下的一切知识的总和。想起爱莎女王来到地球，看着电视播报的战争新闻，对郝仁说："你们人类有月亮和火星这么好的跳板，还有木星土星这样巨大的能源站，为何要热衷于自相残杀呢？"

令我最惊讶的是作者对神的看法。专门为女神信仰所培养的大胡子，愿意为女神奉献出身体中最后一滴血，而他来到无神论盛行的地球上却也只能感慨，"原来女神的光辉也只止步于此了"。那真正意义上的女神一边吃着泡面，一边感慨："真正的神创造众生又不是为了寻找信徒，况且真正的神才不会降下神神秘秘的神谕，让一群神棍去瞎揣摩。"这些也毫无疑问给了宗教狂热分子最好的讽刺。

我所能想到的不过是冰山一角。这本书还在更新，而主角郝仁也还在成长。这本书的世界之浩瀚，语言之生动，构思之精妙使我难以忘怀。读其一本，庆其一生。（用高度概括的八个字来盛赞读此书的意义和影响，既是对本文的一个归结，又呼应了标题。）

点 评

《异常生物见闻录》是网络小说作家远瞳的新作品，小作者用"读其一本，庆其一生"来结尾,足见其影响力之大。作品中形象众多、情节复杂,有太多细节让人感动,在庞杂的故事中锁定值得写一写的"东西"是有难度的。本篇读后感的构架很清晰,从内容概括到重点形象展示,再到个人见地及感悟,彰显了当代中学生张扬的个性。

书海拾贝

不是每一道江流都能入海,不流动的便成了死湖;不是每一粒种子都能成树,不生长的便成了空壳!生命中不是永远快乐,也不是永远痛苦,快乐和痛苦是相生相成的。等于水道要经过不同的两岸,树木要经过常变的四时。在快乐中我们要感谢生命,在痛苦中我们也要感谢生命。快乐固然兴奋,苦痛又何尝不美丽?

——冰　心

关于成长

——读《十五岁的星空》有感

◆学校:嘉善县第四中学 ◆作者:戴佳慧 ◆指导老师:王　茵

  何为成长? 也许是那些年我们在风里雨里淋过的倾盆大雨,也许是儿时和邻家姐姐一起玩过的稚朴游戏,抑或是仲夏夜的星光下肆意奔跑的身影。我想,这都是成长吧。就像油盐酱醋似的五味杂陈,其中不乏糖果般的甜,柠檬似的酸,咖啡一样的苦。(把成长比作"油盐酱醋",生动地诠释了成长具有敏感善变的特点,富有情趣和理趣。)这就是成长。随着微风的轻拂,桌子上《十五岁的星空》的书页渐渐翻动着……

  这本书讲述的故事很简单,主人公是桀骜不羁的叛逆少女韩西汐与性格孤僻、少言寡语的绘画天才方雷,十五岁的青春期是人生特定的早春,心中的新芽不断萌发着,仰望星空,注定有一场面对社会百态的身心突围,最后在对生命迷茫的转折关头,他们互相被对方激发出心灵的能量,从而活出真正的自我。何为成长? 两个字,十个笔画,但关于它的答案又岂止十个呢?

  也许,韩西汐和方雷的故事,就是成长。

  成长是兵荒马乱的痛。一年前,我家的爱犬离开了我,那天晚上,我哭得痛彻心扉。独坐窗台之上,打开飘窗,就这样静静地倚靠着。再也没有了小狗的调皮嬉笑,生活仿佛一下子变成了灰白色。心中纵然有乱作一团的情绪,剪不断,理还乱,刹那间一切事物都黯淡了。"人啊就是这样,有时候,失去了才想起要珍惜。"我自嘲般地呢喃道。那个晚上,我似乎一下子长大了好多,前一天还是个懵懵懂懂的孩子,转眼间却变成了独立自主的少女。成长,会痛,恰似满目疮痍,眼睁睁地看着这一切发生却无力阻止。(这是成长最真实的写照吧,即使有时会痛,却不能阻止其发生,应该说正在经历的人感受最深最真。)

成长是回味无穷的软糖。糖果店弥漫着糖果甜丝丝的香气，软糖放在了那个小木柜子里，喏，就在那。它们住在形状各异的玻璃瓶里，五光十色，晶莹剔透，宛如一颗颗小巧玲珑的魔法球，贮藏在其中的甜蜜在唇齿间刹那绽放，在口中萦绕着，久久不散去。"嗯，好甜的糖。"糖果的甜味如涌泉一样，甜到了心上。成长也像这糖一样，甜蜜可口，让哭泣的孩子们顿时笑逐颜开。成长，好甜，宛若面向花海，馥郁的花香扑面而来，在发丝间游荡。

何为成长？成长可能会让你遍体鳞伤，也可能会使你像个勇士一样凯旋。（运用拟人、比喻的手法将两种截然不同的成长结果形象地表达出来，可以感知到一个努力成长的少年的积极态度。）我不再纠结于它的答案。书安静地躺在桌子上，我摇摇头笑着翻开书，书的那边，安放着我的少年时光……

点评

《十五岁的星空》这部自传性很强的少年成长小说深受初中生的喜爱。本篇读后感并不着墨于小说本身的内容和特点，而将重点定位于"我的成长故事"，虽然和主人公叛逆少女韩西汐、绘画天才方雷的经历各不相同，但所有人的成长都值得回味。小作者通过阅读这部治愈人心的小说，明白了"成长可能会让你遍体鳞伤，也可能会使你像个勇士一样凯旋"的道理。全文多处运用生动的比喻，读来让人深感亲切温馨。

花开花落，云卷云舒

——读《妈妈再爱我一次》有感

◆学校:嘉兴市洪兴实验学校　◆作者:徐　琪　◆指导老师:谢海燕

　　《妈妈再爱我一次》是我在去年买下的,它风趣而简洁的封面使我在书店一眼相中了它,到现在,我已经读了四五遍了,屡看屡哭,每一次都有不同的感悟与启发,是值得一看的好书。("屡看屡哭"这个词乍一看有些夸张,但再一读,觉得它是有表现力的,很真切地表达了一种阅读境界。)

　　这是一本由手机对话组成的奇特小说,是一本充满乐趣,可以让你笑个不停的奇书,同时也是催人泪下的读物。它记录了妈妈刚开始接受新科技,用手机和儿子进行的生动有趣的对话,细细读下去,你就会知道这是一本越读越有味道的书。

　　书中的母亲执着于每个周末都在早晨七点给儿子发"亲爱的,周末快乐!"的短信,儿子则十分讨厌母亲的短信成为他每个周末的"闹钟",在他们逗趣的字里行间,我可以清楚地感受到他们对彼此深深的爱与关怀。

　　在书中常常可以看到"我爱你,妈妈""我爱你,亲爱的儿子"这样直接表达他们的爱的对话。这不禁让我陷入沉思:为什么我从来无法这般大胆自然地向我的父母表达爱意以及感谢之情?(用反问句来表达平时羞于向父母直接表达"我爱你"的愧疚感,值得所有人反思。)我知道,若是能从我口中听到这句话,我父母该有多么喜悦感动,但由于我的羞怯,这句话从来没能说出口。

　　整本书我印象最深、最感动也最悲伤的部分,便是医生确诊母亲得了癌症后发生的事。母亲将此事告诉儿子后,母子的身份仿佛交换了,儿子每周给母亲发短信:"亲爱的妈妈,周末愉快!"而讨厌短信的人变成了妈妈。儿子开始用更多的时间及耐心陪母亲聊她喜欢的歌手和生活中的点滴,同时加倍地告诉和证明他对母亲的爱是多么深切。使我惊奇的是,母亲在得了癌症后,除了偶尔流露出的些许失落,还是那么爱开玩笑,认真生活。我想,这不仅是因为她有一颗热爱生活、坚强的心,更是因为她不想让儿子为自己的疾病而难过。

即便如此,就像母亲说的"天下没有不散的宴席",曲终人散,无法避之,母亲去世了。但儿子依旧给母亲发"周末愉快,我亲爱的妈妈""我很想念你"。读至此,我总免不了热泪盈眶,为他们母子间真切的爱,也为他们分离的伤。

在母亲病重之时,儿子曾这样问过母亲:"这堂课的意义是什么?是长大就意味着要失去所有爱的人吗?"母亲回道:"不,作为一个成年人,就是最终明白面对这个世界的时候,始终不是一个人。"儿子回:"这是所有愚蠢的课程里最愚蠢的一堂课。"

我想,若是时光得以倒流,儿子一定会在母亲每周发来问候时,回复母亲一句"你也是,世界上最好的妈妈!";在母亲每次问关于手机的问题时,更耐心、更详细地为母亲解释。可惜,一切不过是在失去后的幻想罢了。

你瞧,人生在世,便是如此,使你体会到一切温暖感动,经历所有刻骨铭心,又在一瞬间,将你抛向一无所有,让一切不复存在,可这就是生活的真相,即使血肉模糊,我们还是要向前走……(这一段的感悟性文字应该是联系了实际生活中的经历和体验有感而发的,哲理性很强,值得咀嚼。)

总有一天,我也会和自己的父母迎来分别,希望到那时,我可以握着他们的手,告诉他们"我爱你",永远不会后悔在他们生前没能好好爱他们。

花开花落,云卷云舒,坐看平凡中的感动,做永远不会后悔的事,有你们——全世界最好的父母——陪伴,便是我的毕生之愿。(引用陈眉公《幽窗小记》中的句子作为标题并以此收束全文,表达了万事都应以平常心对待的人生态度。)

点评

一部作品能够读上四五遍,相信这样的读者是不多的。就某种角度而言,小作者的阅读精神是值得赞叹的。正因为有反复沉浸书中的经历,才会有如此评价:这是一本充满乐趣,可以让你笑个不停的、越读越有味道的奇书。作为子女,对于来自母亲的爱,到底有多少人能真正地感受并去尊重呢?小作者在阅读后对母爱有了更深的理解,真的很幸福。

既生瑜，何不生亮

——读《三国演义》有感

◆学校：嘉兴市蓝天学校　◆作者：孟妮娜　◆指导老师：刘红燕

"滚滚长江东逝水，浪花淘尽英雄。"《三国演义》是我国的四大名著之一，这本书既讲述了三国时期大大小小的历史事件，更刻画了一批栩栩如生的人物：刘备、曹操、孙权、关羽、诸葛亮、周瑜等。在这些家喻户晓的人物中，我最喜欢诸葛亮和周瑜。（列举了一连串英雄人物后直接将话题引到两位重量级人物上，开门见山，简洁明了。）

"遥想公瑾当年，小乔初嫁了，雄姿英发。羽扇纶巾，谈笑间，樯橹灰飞烟灭"，苏轼在词中对周瑜如是写道；"鞠躬尽瘁，死而后已"，是诸葛亮留给后世的相父形象。

周瑜聪明博古，诸葛亮雄才多谋；两个人旗鼓相当，却成了一对冤家。他俩的初识并不美好。周瑜因为心眼小，所以总和诸葛亮作对，草船借箭就是典型的例子。周瑜要诸葛亮在三天之内赶造十万支箭，造不出，砍头。此时的周瑜作为东吴的都督，若能为国家长治久安着想，诸葛亮的联吴抗曹也是合作双赢，有何不可？为何以死相逼？然，诸葛亮聪明，利用了天时、地利和曹操的多疑，不费吹灰之力，借来十万支箭。（通过与诸葛亮对比，辩证地解读周瑜，既肯定了他的能力和智慧，又点明他气量小的缺点。）这不能不让人拍案叫绝！

好戏接连上演。在对付曹操的水军的问题上，诸葛亮和周瑜在同时展开的手掌心中都写着"火"，英雄所见略同，这没什么不好，但在实施布置时，缺少东风。周瑜急得病倒；诸葛亮气定神闲，借来东风，大功告成。在两位奇才接下来的过招中，周瑜屡屡失利，次次生气，随着最后一声无奈的呐喊"既生瑜，何生亮"，周瑜英年早逝。

每读到此，我真想对周公子说：既生瑜，何不生亮？许是"天将降大任于斯人也，必先苦其心志"，而周瑜真没看出这一点，甚是可惜。若是这个周公子少一些年轻气盛，欲与孔明试比高，历史上可能会多一个"周相"美谈。

　　事实上，面对强敌，诸葛亮在个人发展和事业上走得更高更远，因为他更秉节持重。诸葛亮在隆中分析天下大势，后追随刘备，创造了诸多料事如神、运筹帷幄的佳话。他的传世之作《出师表》，至今在语文课本中熠熠发光。

　　而周瑜因为没有正确的心态，面对劲敌不去努力提升自我，而是选择了嫉妒和想方设法的争斗甚至陷害，这种要不得的心态终究使他心愿难遂，成了诸葛亮的衬托。在聪明过人的周瑜面前，诸葛亮成了"山外青山楼外楼"。实际上，雄姿英发、年轻有为的周郎身上有许多优点：重情义，有担当，高智商……诸葛亮当然也不是神，在后期的街亭失守、错选将帅失荆州、空城险计等事件中也逐渐暴露出他的弱点，这些弱点，不能不说是周瑜的机会，而斯人已逝，空余慨叹。（*此段给予了周瑜诸多的肯定，但最后笔锋一转，点明其性格上的弱点导致了最终的遗憾，发人深省。*）

　　"君子无所争"，"其争也君子"。我认为劲敌相争，有了正确的心态，更能成就彼此。

　　世界羽坛上，林丹与李宗伟是"相爱相杀"十几年的对手和朋友。里约奥运会是他们第三十七次"林李之战"，2004年林丹已成中国羽坛领军人物，而李宗伟初出茅庐。2006年李宗伟成为世界排名第一的羽毛球男子单打选手。李宗伟在访谈节目中称林丹是伟大的对手，林丹在公开场合回应，因为有李宗伟，才赢得值得。有一次，赛场上，李宗伟因伤病痛苦蹲地之时，林丹立即上前询问病情，比赛已没有了火药味，只剩英雄相惜的温情，而对方的执着更是他们在羽坛坚持多年的理由，使各自到达运动生涯的巅峰。

　　且写且思，我依然痴心妄想：周瑜孔明若相惜，在各为其主的对决中，"有你更精彩"，危难之际，若是合谋一处，定能再出奇策，开创新局面。

　　历史的每一个时刻都值得体会，而每一处珍惜更加动人。（*三国人物故事讲完，又列举"林李友情"，适时出现的这个议论性句子是小作者独到的见解。*）

　　古今多少事，虽付笑谈中，但历史时时处处彰显着对手造英雄的故事，何况"江山代有才人出"，即使没有孔明，也还有更多像他一样的人才，历史谕吾辈：既生瑜，更会生亮！

点评

本文构思新颖,立意精巧,具有强烈的现实意义。开篇以杨慎的《临江仙》引出三国英雄人物,继而以其中两位为重点对象展开议论,在内容上对相关人物和情节做了联系现实生活的巧妙处理,在层层铺设下自然地揭示议论的中心——既生瑜,更应生亮。小作者的观点独到,辩证客观,具有启发性。

书海拾贝

一个人经过不同程度的锻炼,就获得不同程度的修养、不同程度的效益。好比香料,捣得愈碎,磨得愈细,香得愈浓烈。我们曾如此渴望命运的波澜,到最后才发现:人生最曼妙的风景,竟是内心的淡定与从容……我们曾如此期盼外界的认可,到最后才知道:世界是自己的,与他人毫无关系。

——杨 绛

坚持与坚定铸就幸福生活

——读《四个孩子和一个护身符》有感

◆ 学校:海宁市新仓中学　◆ 作者:朱文熠　◆ 指导老师:钱林焕

在孩子年幼的心灵之中,爸爸妈妈是他们精神和物质的支柱。孩子没有了爸爸妈妈,就好像鱼儿没有了水,树木没有了泥土,鸟儿没有了天空。但是当上帝为我们打开一扇窗时,鱼儿也许可以去找水,树木也可以试着在水里生长,而我们也可以试着独立生活,互相支撑着缔造幸福生活。

孩子们的爸爸被征去当兵,生死未卜。生病的妈妈又带着小弟弟到很远的乡下去疗养。四个孩子不得不和保姆留居伦敦,他们一方面为爸爸的生死担惊受怕,另一方面又极度思念慈祥的妈妈和可爱的小弟弟。悲痛、沮丧的孩子们来到商店,无意中救了一只怪模怪样的动物。它竟然是拥有神奇法力的沙仙。在沙仙的指点下,他们买到了半个可以穿越时间和空间的护身符,如果找到另半个护身符,合二为一,就能实现任何愿望。为了实现爸爸平安回国、妈妈身体恢复健康的美好心愿,四个孩子义无反顾地踏上了寻找另半个护身符的冒险之路。从在埃及的神庙经历生死关,到在古巴比伦被关进地牢,再到在古印度遭遇海啸,最后在岛屿沉没的千钧一发之际抓住了半个护身符。在这过程中,孩子们会因重重困难而退缩,也会因意见不统一而分道扬镳。支撑他们走下去的,是内心坚持不懈的勇气和坚定不移的信念。(*"坚持不懈""坚定不移"是对作品思想内核的高度概括,具有言简意赅的效果。*)最终,孩子们用合并在一起的护身符,实现了愿望。

从诸葛亮的"志当存高远",到苏格拉底的"世界上最快乐的事莫过于为理想奋斗",梦想一直是人们津津乐道的话题,尤其是对于处在风华正茂的青春时期的我们来说,心中已经悄悄埋下了种子,要为自己的梦想奋力一搏。(*梦想是种子,这个比喻生动贴切,写出了实现梦想需要时间、需要奋斗,有一个漫长的过程,这可*

是很多人的心声啊。)在初中校园的时间已经是越过越少了,在过去两年多的日子里,我收获了努力换来的傲人成绩,也体味到了同学齐心的力量。初三学年中,我将继续用坚持不懈的勇气,为追逐已久的理想努力奋斗。

父母是我们的启蒙老师,在我们放弃时,教会我们失败乃成功之母;在我们成功时,告诉我们骄傲使人落后,谦虚使人进步。父母是我们至亲至爱的家人。这种爱,不是突如其来的馈赠,而是十五年来无私无悔的奉献。(采用"不是……而是……"这一表示转折关系的句式,突出爱的本质是"奉献",显然是对父母之爱有了深刻的理解。)我们总是习惯了爸妈的爱,认为那是必然的。小时候爸妈养育我,长大后换我来守护爸妈。守护家人,是我的责任。这种信念,在我心里根深蒂固地成长起来。("信念"是抽象的概念,将其形容为树根,深深地扎进人的心里,说法形象又新奇。)

故事读完了,我希望自己能像四个小主人公一样,拥有坚持不懈的勇气来实现追逐已久的梦想;拥有坚定不移的信念来帮助至亲至爱的家人。

点 评

伊迪丝·内斯比特的这部儿童文学作品被称为开"时间幻想小说"先河之作。本文在写作上有两个特点值得借鉴:立意积极健康,小作者并没有将目光停留在作品的"神奇"上,而更多关注了作品的内涵——拥有坚持不懈的勇气和信念就是一道"护身符";思路清晰、重点突出,简述作品内容,详写自己在初中阶段追求梦想的经历和对父母之爱的感悟,最后升华中心。

景不藏，情不匿
——读《藏在这世界的优美》有感

◆学校:嘉兴市秀洲现代实验学校　◆作者:李嘉涵　◆指导老师:黄丽华

当"世界这么大,我想去看看"爆红网络,你是否想过,与你的亲人携手完成一趟旅行;抑或是独自一人,去那一直想着要去的地方,享受美好的风景。(用网络流行语拉开全文序幕,继而是朋友之间聊天式的询问,自然地为下文张本。)

《藏在这世界的优美》是著名作家毕淑敏的一本旅行散文佳作。中东、巴尔干半岛、北美……一个地方,一篇故事,作者通过唯美的笔触,向我展开了一幅无边无际的世界地图。

欧洲人珍藏最好的秘密——杜布罗夫尼克,这座城市历经战争与沧桑,是作者第一个脚印所在地;以玫瑰花享誉世界的国家——保加利亚;以色列死海边高昂的头颅——马萨达,它曾沦陷于敌军手中,城市中的居民宁愿骄傲地死在自己人手中,也不愿屈辱地死在敌人手下,直到今天,公民入伍后的第一课,就是到马萨达瞻仰……像这样的旅程还有很多。

这次,我想着重聊一下保加利亚的故事,因为这是书中我印象最深刻的部分。(这个过渡段简约至极,没有生动的词语,没有特殊的句式,却有最真实的感受。)

在美丽的传说中,上帝站起身来,把原本安排给自己的土地让给了保加利亚人民。自此,这个国家的人就得到了世界上最好的土地,拥有了得天独厚的自然环境。

保加利亚有个著名的玫瑰节,届时,会有很多的庆典活动。但作者一行人到达此地时,花期已过。遗憾?或许吧。但,花并不是只有盛开的时候才存在的,不是吗?他们参观了当地的玫瑰历史博物馆。导游自然是将所有东西都说得天花乱坠,如上帝精心雕刻一般。特别是一个高大的金属罐子,据说六十五年前这里面装过玫瑰精油,至今还有香气。作者听到这儿便去闻罐子。旁边有人笑道:"您真相信那是六十五年前的芬芳?"作者却在书中写道:"世界上有一些人,习惯于猜疑和从负面思考。"

当然,我和作者一样,宁愿去相信这不知真假的言论。正如她所表述的一样,旅行,是一种享受,而不是一种猜疑。即使你不相信那所谓的山高水长,但人生苦短,又何必执着于此呢? 再者,为什么游客会质疑景点的来历呢? 很简单,现在的社会中,充满了谎言。所以即使人们到了一个朴实的小镇中,依然不会选择相信。玫瑰精油能够使人身心愉悦,美好的故事亦是如此。选择相信,对我们并没有坏处。不是吗?

至此,我要表达的中心应该很明确了。真正的旅行,是放下戒备,融入自然,而不是去质疑一个又一个美丽的传说。(“融入自然”,这是真诚的呼吁也是告诫,读到这个短语,我们的心灵会轻轻地为之一震。)

人生无常,一朵鲜花,或许这一刻刚刚绽放,但下一刻就要枯萎。此时,我们不要也不应该去追究这朵花为什么开得这么艳,是不是上过色素,而是应该珍惜这“昙花一现”的美好时光。你可以大呼:"哇,这朵花真美!"而不是嫌弃它艳丽得让人难以置信。我想,在欣赏到美景的时候,由衷的赞叹才是我们的本能反应吧。这样美好的情感,为何不表露出来呢?(两个反问句诠释了旅行者应该具备的态度,带着一丝俏皮的口吻,产生了独特的表达效果。)

所以说啊,大自然慷慨地把美景展现出来让我们欣赏,我们怎能吝啬赞美,将这样美好的情感藏匿起来呢?

点评

这本旅行散文佳作内容丰富,小作者很睿智地挑选了自己印象最深的一篇,详细地谈论了“真正的旅行,是放下戒备,融入自然”这一中心。全篇看下来,感觉其笔触很有一种亲和力。“这次,我想着重聊一下”“至此,我要表达的中心应该很明确了”“所以说啊”,诸如此类的口语化的表达在文中不少,而这些朴素平实的文字恰恰产生了妙不可言的亲切感。

林肯故事
——读《林肯传》散记

◆学校:嘉兴一中实验学校　◆作者:高闻律　◆指导老师:刘传友

他的双肩下垂,脸庞布满褶皱,眉毛遮盖了深陷的眼眶。让人难以看透他的内心世界。黑如树根的胡须缠绕在拉长的脸颊上,构成一张饱经风霜的脸。凸起的鼻梁又为这张脸增添了严肃与深邃。(运用比喻、夸张的修辞手法生动地描写了一张饱经风霜的脸,细节突出,给人留下非常深刻的印象。)这是一张在伊利诺伊州任何一处荒原都能看到的脸,他或许正在赶马车、做面包或完成其他农民做的任何不起眼的事。朴素的衬衣、布满灰尘的大衣和年代感极强的靴子,更使人不会想到这是一名政客。可以说,他的悲喜剧与其说是奇迹,还不如说是上帝开的一个玩笑。

一个爱慕虚荣的女人、一个渴望成名的亡命之徒和一群喜怒无常的看客,加之他平凡的外表,构成了他一生的全部不幸。"没有假日的总统,没有晴日的水手,他就是他那个时代美国人民的真正历史。"(本段文字概括地写出林肯的一生充满了坎坷,富有传奇色彩。)

阿贝·林肯在人生前四十九年的沉浮中,除了对人们的宽厚同情,他什么也没有学到。生意上,他濒临破产;婚姻中,他蒙受打击和痛苦;政治上,没有人支持一个来自荒原的杂货店老板。随后的七年中,他却开始飞跃,出任总统、废除奴隶制、荡平南方,从一个小律师到出行万人空巷的英雄。("小律师"和"英雄"这组对比是林肯奋斗一生的缩影,笔墨之间流露着小作者的景仰之情。)这七年,往往是人们津津乐道的,而谋杀总统的布斯,也就理所当然成了众矢之的。

布斯射向林肯的子弹,对角穿过他的大脑。林肯足足撑了九小时,他不但没有任何呻吟,脸色反而比平时还要祥和。他开始回想他早年仅剩的美好回忆:斯普林菲尔德的事务所、山谷里的水声回响、坐在纺织机前的安·拉特利奇、桑加蒙河的堤岸、门前的那棵白橡树……七点二十分，斯坦顿沉痛地说："现在，他属于所有的时代。"

次日，有访客告诉林肯的儿子——林肯去了天堂。

"噢，那太好了。因为父亲来这里后，从没有快乐过。"

是啊！这个坚信"与人无仇，慈善济众"的人，其灵魂早在新塞勒姆被埋藏。如果林肯与安·拉特利奇结婚，那么他会幸福地在伊利诺伊州生活下去。即使他不曾当选总统，也无可争辩地和现在一样伟大，但这恐怕只有上天才会知道了。可上天将玛丽·托德推向林肯。玛丽渴望有一个上流社会的夫君，因而就助力林肯成为总统，也将他推向了人生的不幸。林肯与她心中鲜亮的形象相去甚远。因此，林肯半生都活在夫人的想象中。她希望他像她的情人——也是林肯的竞争对手——道格拉斯一般，充满贵族雅趣，拥有无边风月。

但林肯永远是那个斯普林菲尔德的律师，一个永怀悲悯的伟人。他试图保持自我，但换来的只有与夫人愿景相悖的羁绊。

不同于林肯死时想象着田园，林肯夫人死时，她冥想着：一个少女与雍容华贵的道格拉斯共论爱情。上帝捉弄世人，就把一个高贵的灵魂安排在不解风情的身体内。他的心完全交给了时代，在明争暗斗的家庭、内阁、国会，以及需要自由的美国。面对世间的黑暗，林肯的心灵注定不是澄明的瓦尔登湖。(瓦尔登湖展现了一个澄净、恬美、素雅的世界，作为政治家的林肯注定与之无缘，有惋惜，但更多的是崇敬。)

作为一个正直的勇士，林肯敢于面对惨淡的现实，他注定因为巨大的悲悯意识成为被世人铭记的英雄。

点评

这篇读后散记有茨威格的文风，小作者学会了《列夫·托尔斯泰》的基本笔法——先抑后扬。开篇描写林肯的样貌丑陋，然后渐次展开对人物经历的叙述，最后盛赞其睿智勇敢，用林肯平凡普通的外表来衬托他高尚坚忍的内心。小作者学以致用，将原作的精髓呈现在缜密的文辞中，再现了林肯传奇的人生。

我和培根论死亡

◆学校:嘉兴南湖国际实验中学　◆作者:张园玥　◆指导老师:倪　丽

死亡不是结束,而是新的开始。

当我的指间触碰到《论死亡》时,莫名地,胸中犹如一阵电流划过。

《培根随笔》有许多谈论各种事物的章节,哲学、伦理、亲情、友谊无一不包括在其中。这本书实际上可以说是一本议论文的总集,里面有培根先生最理智而中性的评论,让人看了无不深受启发,从而感慨万千。在这里,我就《论死亡》一篇浅谈一下。

"人们害怕死亡",培根先生一开始就直击了重点。不错,死亡一直是人们避之唯恐不及的,在古老的中国,不少帝王甚至费尽心力寻找不死的灵药,妄图躲避死亡。但培根先生又提出了自己的见解:"使人害怕的,是死亡的装饰品,而不是死亡本身。"

这让我不禁思索,的确,人们为什么恐惧死亡? 他们恐惧的真的是死亡本身吗? 我不这么认为。死亡不过一个瞬间,而真正可怕的,是等待的过程。

人们发现疾病是痛苦的,于是认为死亡是痛苦的;人们认为濒死是绝望的,于是肯定死亡是绝望的;人们察觉葬礼是悲哀的,于是认定死亡也是如此。说到底,这些不过是凄凉的装饰品、附属品罢了。(罗列了人们在日常生活中对"死亡"的一些认识,以"装饰品""附属品"为喻,表达人们认知的片面性。)

若人的意志力战胜了对死亡的恐惧,那么,一切浮华将退去,真实的死将平平淡淡,甚至每个人都能泰然自若。其实,正如培根先生所说的,死亡有不少敌人:复仇之心、爱、荣誉感、悲伤、恐惧、怜悯。臣民因为怜悯他们的君王而甘愿赴死。那么当时,他们中真的无人恐惧吗? 当然不,只不过他们战胜了对死亡的战栗。

还记得托尔斯泰吗? 他最后死在一个小小的车站,他的墓碑隐没于丛林之间。临死的他已毫无怨言，人间太过劳苦，他也许渴望着上帝的救赎吧，这大概也是那些经历磨难的人寻求信仰的缘故，信仰让人直面死亡。或许，更接近于我们的，战争时期，多少英雄志士抛却了对死亡的恐惧，刘胡兰、邱少云……人物数不胜数。此刻，死亡是一枚荣耀的勋章。（列举了中外名人的事例，抛开常人的一般认识，诠释死亡的崇高意义，可谓另辟蹊径。）

"死亡与出生一样是正常的。"他这么说，这不正像是莫比乌斯环一般吗？死亡并非终点，而是另一个起点，它不过是带你离开一个空间，前往另一个空间而已。

我曾听过，人要向死而生。

只有接近过死亡，才能更珍惜生活。这并不是要我们去寻找死亡，而是跟随它，并重视它，正视死亡，不要逃避。（坦然面对死亡并不是指消极地处世，而是要学会珍惜，能辩证地表达这样的哲学观点，一定熟谙培根的思想。）逃避实际上只会让我们更加畏惧，愈加远离倒不如试着接近，试着敬重它，就像敬重你的生命。韦斯巴芗死的时候说了一句俏皮话："我想我正在变成神。"他没有畏惧，或者说，他只是敬畏而平静。

在国外的某些小镇，房屋与墓碑相挨，人们并不恐惧。也许在某个午后，人们坐在长椅上，会如老朋友般抚摸那些石碑，笑着谈论生活。这不是很好吗？这难道不是生与死的最强碰撞，如同高音音符蹦出，在瞬间使生死的界线超然物外，不再清晰。（生死碰撞犹如音符蹦出，这样的比喻独具个性，"蹦出"一词用得相当生动，再论"死亡"已然达到了新的境界。）

也许生者不会招人爱，但死了却会。凡·高就是最好的例子。这大概也是极为讽刺的，死亡使他解脱，但人们却开始惋惜。有时，死亡就像钥匙，打开某扇被遗忘的爱的大门。

请正视死亡吧，请相信它也是个纯洁的孩子，和出生一样该受到礼赞。

去敬畏死亡吧，唯有这样，才能让我们更珍惜生活。

学着接受死亡吧，因为这个虚拟的休止符，才使人的生命有限，正因有限，才会精彩。

点评

每一次读书的时候，我们总会发现一些以前不知道的东西，比如说某些道理。小作者读培根的《论死亡》，多了一些对于"死亡"的思考，并最终意识到对待"死亡"应该有正视、敬畏、接受的态度。全文以议论为主，对比论证、例证法、引证法、喻证法运用自如；采用"引——议——联——结"的结构模式，思路清晰，文采斐然。

书海拾贝

那些焕然一天的星斗，那些灼热了四季的玫瑰，都没有服役于我们的义务。只因我们已习惯于它们的存在，竟至于习惯得不再激动，不再觉得活着是一种恩惠，不再存着感戴和敬畏。但在风雨之后，一切都被重新思索，这才忽然惊喜地发现，一年之中竟有那么多美好的日子——每一天，都是一个欢欣的感恩节。

——张晓风

向自身乞灵

——读史铁生散文集《想念地坛》有感

◆学校:嘉兴一中实验学校　◆作者:金载阳　◆指导老师:陈一俊

　　"在科学的迷茫之处,在命运的混沌之点,人唯有乞灵于自己的精神。不管我们信仰什么,都是我们自己的描述和引导。"(《我二十一岁那年》)偏爱科普读物的我读到这段话时被震撼了:如果说科学引导我们探索无边际的外部世界,那么这样的散文则带我们走向了同样神秘而无垠的内部世界。(用"如果……那么……"的句式比照了科学和文学带给人的不同的影响,强调阅读史铁生散文的影响重在精神层面。)如此想着,"我与地坛""在家者说""扶轮问路"三辑共二十一篇文章已不知不觉读完。我与家人一起感慨;我独自一人思考,之后又反复品味着这样的话语。我得出一个结论:向自身乞灵(乞灵,原指求助于神灵或某种权威),是最好的成长助推力!

　　史铁生在《我的梦想》中说:"我最喜欢并且羡慕的人就是刘易斯。"他愿意不惜一切代价去拥有那样一副"随便一跑就是十秒以内,随便一跳就在八米开外"的躯体。当奥运会上,刘易斯被约翰逊打败,史铁生觉得受了极大创伤,比刘易斯还要痛苦。他闷闷不乐几天,思考出了"最幸福的人"也有"不幸",是因为上帝在所有人的欲望面前设下永恒的距离,公平地给每一个人以局限。(这一段主要写史铁生得出"上帝是公平的"这一结论,看似平静的叙述中蕴含着无比敬佩之情。)

　　如此说来,"苦"的根源就是人的欲望。那么我们就应该抛弃欲望吗?我们每天学习,老师每天上课,都有既定的目标在促使我们行动。当我们学有所获,老师教有所成,欲望就带来了"乐"。史铁生重病之时,看到"太阳重又真实。昼夜更迭,重又确凿"。吃了那么多药,受了那么多苦总算没有白费,即便只是移出重症监护室,可以缩减一点医药费,也够他高兴的了。

所以啊，"最幸福的人"也有不如意，我们更要向自己乞灵，一定要让自己坚强快乐！

史铁生又悟道："命定的局限尽可永在，不屈的挑战却不可须臾或缺。"不管挑战的是别人，还是自己，只要有超越的欲望，一定不会"苦"到什么程度的，想个办法苦中作乐，最后苦尽甘来，何尝不可？

想到这些，他便开始进行"好运设计"，设计自己理想的人生。他认识到"生命的意义就在于你能创造这过程的美好与精彩，生命的价值就在于你能够镇静而又激动地欣赏这过程的美丽与悲壮"。(《好运设计》)经过一系列思考，他的设计实现的前提最终融汇成一句话：上帝爱我！可是上帝是否存在都是一个未知数，那么他对刘易斯的羡慕，以及对未来的期盼，是得益于向自身的乞灵吗？

是的，肯定是。他整日待在医院，"二十一岁双腿瘫痪，轮椅坐了四十年……三十岁上两个肾又相继失灵……四十八岁……去透析……"(《回忆与随想：我在史铁生》)这样的情形简直无法想象！他是怎么走出来的呢？他给自己找了个寄托，这个寄托带给他期盼，支撑他接受各种各样的治疗，并对生命怀有无限的热情。这就是期盼，他期盼病好起来，期盼身体舒服几天，期盼活到明天！(反复出现"期盼"，构成了语气强烈的排比句式，真切地表达出史铁生内心对于生命的尊重和热情。)不管他寄托的是明天，还是明年，抑或是来世，都是心灵的助推力！

我小时候，有一阵子牙痛。后来去医院就诊，得知患了一种叫"畸形中央尖"的牙病。当时听从医生建议，用水刀磨了多次，渐渐好转。去年牙痛又复发，虽然疼痛依然剧烈，可是我没有怨天尤人，治疗期间饭也照常吃，课也照常上，考试也照常考，因为我在桌上放了张字条，写着"想想史铁生，向自身乞灵"。(用朴实的语言叙述了一段克服牙痛的经历，阅读的真正魅力体现在生活中，就是能产生积极向上的力量。)

作家韩少功说："史铁生是一个生命的奇迹，在漫长的轮椅生涯里至强至尊……一种千万人心痛的温暖，让人们在瞬息中触摸永恒，在微粒中进入广远，在艰难和痛苦中却打心眼里宽厚地微笑。"我也深深感谢史铁生，是他让我在少年时期就懂得了一个道理：向自身乞灵！

是的，迷茫的时候，用一个欲望来指明前进的方向；失落的时候，找一个寄托来弥补精神上的空虚。乞灵于自己的精神，就能得到它的描述与引导！

点评

在《想念地坛》中,史铁生从怀念地坛讲到写作意义,再转而思考人生价值,将个人的苦难经历和思想的成熟过程娓娓道来,让人回味无穷。很明显,小作者在读完这本书之后,对史铁生多了几分崇敬,对自己多了几分期许。全文最大的特色是善于引用——多处引用作品中的语句、史铁生本人说过的话、韩少功评论史铁生的话,这些关于生命思考的文字适时引入正是小作者读懂了史铁生的最佳证明。

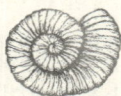

书海拾贝

与孩子是不能谈童年的,与耆老可以谈暮年,而与少壮者是否更值得谈谈青春的宝贵,身在福中不知福则未足以论福,身在青春中,知青春之所以为青春,那么活力与光辉自会陡增一倍,当然更不致自误或被误导。

——木　心

像花儿一样盛放

——读《每个人都有盛放的理由》有感

◆学校:桐乡市河山镇中心学校　◆作者:李家豪　◆指导老师:蔡莉芬

"是的,我很重要。我们每一个人都应该有勇气这样说。我们的地位可能很卑微,我们的身份可能很渺小,但这丝毫不意味着我们不重要。重要并不是伟大的同义词,它是心灵对生命的允诺。"

——题记

岁月如同白驹过隙,我在匆匆的时光中,突然离开了母校温暖的怀抱,投入到陌生而令人惶恐的初中生活中去。可是到现在,一切的一切都显得如此不尽如人意,让人黯然神伤!

初中学校的骄阳似乎与小学的截然不同。它从不柔和,从不温暖,有时甚至滚烫得灼伤皮肤,然后天空虚情假意地洒几滴同情的雨,和着人们的眼泪洒遍大地!

进入初中已经足足一年半了,然而时光荏苒,光阴的蒙布渐渐将我小学时耀眼夺目的光芒一点点隐去,留下的只有暗淡的希望与危机四伏的明天。

在这一年半的时间里,不知为何,我的成绩啊,急剧地下滑了,和小学时的我简直相差了孙悟空的一个筋斗的距离——十万八千里!一次次痛苦地面对一张张让人黯然神伤的试卷与一个个触目惊心的成绩,在这短短的时间里,我无数次羞愧地低下了头,这样的成绩已离我所预想的相差极远极远了!(成绩让人"触目惊心",这是通感的写法,略带夸张,真实地刻画了考试失利带来的痛苦与沮丧。)我抬头环顾四周,看看周围的同学们。与我相比,他们在成功的道路上似乎一路绿灯,畅通无阻。这使我不禁向他们投去羡慕的目光!

一个阴沉的午后,天空黑压压的,厚厚的云层压得人几乎窒息!呼啸的台风席卷着校园的每个角落,冰冷的雨点降落在冰冷的土地上!月考成绩刚刚下来,果不其然,还是与往常一样地令人失望透顶!在这伤心欲绝的时刻,数学老师突然叫我,必然没有好事……

刚进办公室,寂静而严肃的气氛扑面而来,扑向我颤抖的身体,差点害我重重地摔倒在地。当我胆战心惊地走到老师的身旁,他立刻用严肃的目光紧紧地盯着我,我只好悄悄地躲避与他的正面对视,不然他眼神中的责备与失望必定会顷刻间将我给吞噬了!(此句通过动作和神态描写,生动地揭示了"我"的内心世界,"吞噬"一词用夸张手法写出了心中的害怕。)

"李同学,月考试卷认真看过了吗?"他终于发话了,打破了这骇人的寂静局面。

我哑口无言。空气一度凝固了一两秒,我终于从害怕与紧张中回过神来,小心翼翼地回答道:"看过……了,我……我……"

"说说,都错了哪些? 都是不会还是马虎? 错的题都明白了没有?"老师一下子向我抛来三个问题,可我却自责地再一次沉默了,又一次陷入深深的沉思,无颜面对原本对我充满了希望、对我悉心栽培、认真教诲我的黄老师。

……

"你已经是个初中生了,初中与小学已经截然不同了! 你要努力啊!"话音刚落,当我缓缓抬起头忐忑地看向他时,从他的眼神中,我不仅读出了失望与批评,还看到了其中夹杂着真挚的期待!

可是我又何尝没有努力呢? 进入初中以来,多少个深夜,我的房间灯火通明,不停息的笔尖接连不断地发出唰唰的响声。铺排得整整齐齐的汉字覆盖了多少张洁净的白纸。多少个彻夜的奋斗不息,直至深宵灯火漂白了四壁! 甚至直到黎明的第一缕阳光射进我的房间! 有时又困乏到伏案而眠!

然而这一切却换不来一个让人满意的好成绩。好多次站在镜子面前,看着镜中的自己,依旧看不到昔日背后的光芒,只有老师不解的误会与失望接踵而至。

煎熬的时刻真是度秒如年啊,我不知是怎么退出办公室的。

傍晚的天边,晦暗的乌云终于渐渐散去,露出一方火红的夕阳,金灿灿的阳光映照着寒冷的人间,让人稍觉温暖。(从视觉的角度写傍晚的天色,由冷色调转为暖色调,这是心情的折射,表现了"我"理解了、开朗了。)

……

回到家，按照老师说的，我把以往的考卷全拿了出来，再仔仔细细地回顾一遍以前的失败与错误。谁知无意间，我似乎发现了什么，让人眼前一亮的东西——八十二分，八十五分，八十六分，八十九分，九十一分……咦？分数竟然出乎意料地一点点如藤蔓般向上攀爬着！这使我又不禁猜测，那下一次呢？下一次，我的成绩又会怎样呢？想到这，一颗沉寂已久的心不禁又一次充满了希望与斗志！

一场突如其来的大雨将校园的每一片树叶都洗得发亮。在希望之中，期中考试的那一天正悄悄地向我靠近着。而这次我并不打算畏惧，因为我发现，当我定下一个目标，如果我总想着尽快到达那个目标，那我就会问自己："怎么还不到啊？"于是马上就觉得累了，产生了要放弃的念头。相反，当我完全不去想那个目标，而只是望着蓝天，看着脚下，只顾一步一步向前赶去，那个目标也就在不知不觉中向我靠近了！

是的！这是我盛放的理由！在漫长而遥遥无期的人生路上，我需要它！我们每个人都应该找到自己盛放的理由，就像春天的花朵从不羡慕别人的美丽娇艳，它们从来只为自己与世界展露身姿！当初春的和风拂过世界的每一个角落，每一朵鲜花都有自己盛放的理由！没有任何人可以否定它们，因为生命的号角已经吹响，盛放是生命的必然，是它们不可推卸的使命和责任！而我们是这个城市中奋斗的少年，我们必须成长！没有任何困难可以阻挡我们在将来的某一天欣然怒放！因为我坚信"每个人都有盛放的理由"！

当希望的阳光滋润着我们，帮助我们茁壮成长，让我们一起向着明天呼喊："盛放吧，像花儿一样的我们！"

点 评

小作者由阅读《每个人都有盛放的理由》一书想到了自己的成长故事，全篇行文舒展自如，记叙详略得当，重点突出，细节刻画生动传神，恰到好处地展现了人物的内心世界。在曲折的情节展开过程中，环境描写也为文章渲染了一层浓浓的情思，由害怕无助到反思醒悟，处处洋溢着一个初中生积极向上的情感。最后发出"每个人都有盛放的理由"这一主旨便水到渠成。

笑看人生是一种态度

——读《我们仨》有感

◆学校：平湖市稚川实验中学 ◆作者：朱奕婷 ◆指导老师：刘伟勤

"我一个人思念我们仨。"

寥寥数笔包含了太多太多思念与痛楚。（对杨绛先生的原话做了"寥寥数笔""太多太多"的评价，比照鲜明，有力透纸背的表达效果。）

说到杨绛，头脑中的最初反应有如下几种：钱锺书的夫人、钱瑗的母亲、世纪老人。其实除此之外，她，也是一位杰出的作家。我在品读杨绛先生晚年所著的长篇散文《我们仨》后，心中久久不能平静。

"一九九七年早春，阿瑗去世。一九九八年岁末，锺书去世……现在，只剩下了我一人。"巨大的悲痛就这样被作者几笔交代了，这是生命中无法承受之重，然而，她动用的却是如此之轻的笔法。对于这本书，我印象最深的就是那个"万里长梦"，她极为隐晦地写道，自己与锺书和女儿阿瑗在古驿道上相失，实则指漫漫人生路上，锺书与瑗瑗的去世。我现在还依稀记得那篇文章的末尾是这样写的："我睁开眼睛，我正落在往常变了梦歇宿的三里河卧房的床头。不过三里河的家，已经不复是家，只是我的客栈了。"我总是疑惑，是怎样一种精神和力量，支撑着她走过了一百零五个春秋？

2016年5月25日，这位"最贤的妻，最才的女"走完了她充满坎坷与爱的一生。不知有多少读者为她的辞世感到痛心。从此，文坛痛失一位严谨治学的先生，中国痛失一位和蔼可亲的老人……而这一切，在她看来只是轻描淡写罢了："我可以到那边照顾锺书和瑗瑗了。"这是怎样一种积极开朗的人生观！身为一位学者，饱受了整整十年的屈辱与迫害，她曾被迫在干校改造，剃了阴阳头扫厕所，多少文人志士因承受不了这番强加于身的冤屈而愤愤离世，而在她生平所写的文章中却看不到一丝怨言,在《我们仨》中我所能读到的是她褪尽火气、怒气、怨气之后,所剩的平和之词。(通过对比,突出杨绛先生的人格魅力。)作为一个女人,当她慢慢衰老,一生中最牵挂的两个人——丈夫和女儿,都离她而去,这是何等的痛与惆怅,而我只能从她的文章中读到一家三口曾经的快乐时光。她不曾写那些痛心和令人愤懑的事,但这并不代表她不愿面对,不敢面对,而是她强大的内心让她不再为此纠结,不再为此而刻骨铭心地伤害自己。我在读此书时就在思考,我们作为学生,在成长路上也会磕磕碰碰。我们曾拼命地学习如何成功冲刺一百米,但没有人教过我们:你跌倒时怎样跌得有尊严,你的膝盖破得血肉模糊时怎么清洗伤口,怎么包扎,你痛得无法忍受时用什么样的表情去面对别人,你一头栽下时怎么治疗内心淌血的创伤,怎么获得心灵深层的平静,心像玻璃一样碎了一地怎么收拾。想到这里我感到不知所措,我们到底是该随遇而安,任其破罐破摔,还是将它当作生死一搏的大事一样万般折磨自己,使自己一时所犯的错误、所受的苦难成为心灵永远的伤,伴随一生? 我发现两者都不可行,我意识到最好的处事态度当如杨绛先生一般:不妥协,但也不抱怨。正视现实,正视错误,用理智分析,彻底感悟才不至于被回忆侵蚀。("不妥协""不抱怨",要"正视",这是小作者阅读《我们仨》得到的宝贵而深刻的人生道理。)我虽不能达到杨绛先生这等冷静旷达的心态,但是多借鉴一下绝对是有益的。它使我们可以在充满泪水与欢笑的青葱岁月里让心灵获得短暂的平静,不会为琐事而心烦意乱。

我读到此书的末尾才悟出真谛,杨绛先生一生躲避政治,潜心于文学和学术,方才"苟全性命于乱世"。在人心惶惶的岁月里,她依靠的是书、纸、笔,是不懈的文学追求,是笑看人生的生活态度。(此句高度概括了杨绛先生的人生态度,盛赞了这位百岁老人的睿智和豁达。)所谓"智者乐,仁者寿"大概就是这个道理吧。

点 评

读完《我们仨》,小作者对杨绛先生有了更深入的了解。开篇先引用了书中震撼自己的语句,然后再简要地介绍这位伟大的作家。虽然是寥寥数字,但可以体会到小作者由衷的崇敬之情。主体部分边引边叙,边叙边议,议论性文字并没有停留在表面的分析,而是联系自身现状,站在生命哲学的角度进行阐述,见解深刻独特。

绚烂青春无限美

——读《星辰夜空Ⅲ 最佳拍档》有感

◆ 学校:上海外国语大学秀洲外国语学校 　◆ 作者:钱　艺 　◆ 指导老师:徐凤丽

"哪怕这是世界上最后一个镀了金的日子,也要唱歌!让歌声掠过每一处天光水色,掠过所有的温柔与星辰!"这段优美的文字,自从看书的那一刻起,就一直萦绕在我的心头。而你可曾想过,这一段能让我记忆深刻的文字,却出自一个十六岁女孩之笔。(先呈现一段优美的文字,然后告知它出自一个十六岁的女生之手,开头设置悬念,达到了吸引读者兴趣的效果。)

记得在小学时,看着排列整齐而又密集的订书单,我一眼便看中了这本书,毫不犹豫地选择了它。它生动的故事情节和精致的包装让我爱不释手。我如愿以偿地买下了它,没几天,就一口气读完了。

本书主要讲述的是十二个星座女孩在新学期中遇到了性格诡异的预言老师泠老师。传说,凡是通过莫沦事件的学生,都会被她折腾得死去活来,而最后她们团结一心,互相帮助,躲过了危险。在一次次奇幻的魔法旅程中,她们展现出了聪明机智以及青春最美好的友谊。

尤其是在"星棂汐与影剧院二三事"中,星菀轩为了来接为星棂汐和星子夜的唱歌决赛捧场的星菀婷,在电话联系中误将泽蓑路听成了厕所,而她害怕星菀婷的预言成真,所以在剧院的厕所中疯狂寻找。这充分表现出了她们之间那奋不顾身、令人羡慕的深厚的友谊。

小作者就是这样,用一件件与我们的校园生活息息相关的事件,用带有奇幻色彩的笔调,把生动的故事用优美的文字娓娓道来,让人感同身受,不禁为十二星座女孩团结、不惧困难、乐观积极的品质鼓掌。她们展现出了在自己的青春里,与朋友一起历经风雨换来的灿烂阳光;与朋友彼此扶持的深厚友情;与朋友分享喜悦的欢声笑语……（罗列了在青春岁月里,和朋友们在一起的积极意义,句式整齐,很有节奏感,读到此处自然而然地感受到了青春和友情的美好。)这一切的一切,都是她们青春之旅中最可贵、最美好的事物。这就是她们的青春之美。

如果换作是我,我会和伙伴们手拉着手,肩并着肩,共同面对作恶多端的莫沦吗? 不,也许,我不能。因为面对黑暗邪恶的大魔头,要想战胜他,或许会有牺牲生命的风险,对于一个刚刚上初中、刚刚开始人生第一步、十分胆小的人来说,这的的确确需要鼓起莫大的勇气和拥有巨大的支持啊!

如果换作是我,我会与朋友们坦然面对泠老师残酷的"预言",互相鼓舞对方吗? 不,也许,我不能。因为听到这种甚至会"死"在厕所旁的预言,我一定早已躲在某个角落默默哭泣,早已对生活失去希望,只等死神把我带走,决不会再见任何一个人。

如果换作是我,我会在遇到许多事情时,还能有这样缜密的逻辑思维和如此机敏的大脑吗? 不,也许,我不能。因为遇到这么多看似平凡但又艰巨的事情,我可能早已经不起挫折的考验,被一环套一环的事件弄得晕头转向,再也无法冷静下来梳理这一件件奇怪的、如做梦一般的事情。

青春是一首靓丽的歌,歌颂着我们的故事;青春是一篇扣人心弦的文章,抒写着属于我们的世界;青春是一块晶莹的水晶,透出光彩照人的色彩。(三个比喻构成排比句式,富有气势;将青春比作歌、文章、水晶,用独特的语言诠释了青春具有活力四射、美丽绚烂的特点。)而那绚烂青春的无限之美,还少不了纯洁友谊的点缀。

在我自己的青春世界里,也经常能感受到这样的幸福。记得那是为了参加一场比赛,妈妈把我们几个参赛的好朋友一起送到了参赛地点,因为还有事情要办,她不得不匆匆忙忙地离开了。不认路的我们站在原地,不知如何是好。但时间不等人,比赛马上要开始了,我们个个心急如焚,为了不迟到,我们只能硬着头皮在那陌生的会场摸索。我们询问了一个个工作人员,穿过了一条条走廊,收获了许多参赛地的线索:瞧,三号楼在那! 看,这是四楼! 我们互相配合,互相帮助,一步步看到了希望,一步步靠近了成功。经过不懈努力的寻找,我们终于赶在比赛开始之前,进入了会场。大家都长舒一口气,露出了会心的笑容,友情的暖流,交织在每个人的心中。我也为自己学会了与朋友团结合作,学会了做事不急不恼而感到自豪。(有时候,生活中最平凡的小事也会因为某些人的存在而变得意义非凡,能够有此领悟的人一定是善于观察、用心感受的人。)这就是我最好的青春之美。

　　每个人一生中最令人向往的,就是青春的时光,而能让青春中一切事物变得美好的就是生命中重要的人——朋友。我们都会将与朋友在一起的快乐记忆,放进永存的记忆宝库中。这便是每个人的青春之美。

　　哪怕这是世上最后一个光明的日子,也要与朋友在一起! 让我们共同的心声掠过我们每一处回忆,掠过所有的热情与青春!

点评

　　全文的写作思路非常清晰,由图书留给自己记忆最深刻的一段文字引出作品内容的简介,再联系自己的校园生活,进而赞颂青春的绚烂——是靓丽的歌、扣人心弦的文章、晶莹的水晶,这些比喻新奇而又贴切,用美丽的语言诠释了最美的青春。其中主体部分用三个"如果换作是我"的句式各领起一个层面的内容,真实地揭示了青春路上除了美丽,还有怯懦,还需要成长,同时强调了书中主人公的机智勇敢。本文可视为当代中学生的青春宣言。

爱与痛的边缘
——我眼中的《悲惨世界》

◆学校:嘉善县第一中学 ◆作者:朱斯佳 ◆指导老师:闻银萍

我们甘愿活在一个以自我利益为中心的世界里。小心翼翼地保护自己,甚至不惜伤害他人,并为此沾沾自喜。

可这偌大的花花世界,又哪里找得出一个真正满怀仁爱、无私无畏的正义之士?于是,这样一个形象便自然而然地从法国大文豪雨果笔下诞生了。合上书的我一面心潮澎湃,一面又心生惋惜:这么一个作为核心人物的英雄——冉·阿让,竟只能可悲地活在虚拟的文学世界中,这实在令人感叹不已。

冉·阿让,他从"悲惨世界"中向我们缓步走来。

我用泪眼看着他的转变。他为了照顾过世的姐姐家中的七个孩子,让他们在寒冬腊月里不至于饿死街头,毅然打破了面包店铺的橱窗,偷了面包带给孩子们。命运总像个孩童般戏弄人——冉·阿让被逮了个正着,这让本性纯良的他足足坐了十九年牢。这一件事也是促使他悲惨命运之轮转动的第一步。我到现在都弄不清这件事的是非对错,年少天真的我总以为偷窃就是罪大恶极,殊不知罪恶的中心竟也可以是善良。(判定某种行为的对错,很难给出绝对的答案,因为行为的背后总有原因。冉·阿让的偷窃行为让"我"对善恶对错有了更理性的认识。)

我亲眼见证了他的落魄。从监狱被释放出来后,冉·阿让尽受人白眼和歧视,这使得他善良不再,决心报复这阴暗凄凉的社会。天不遂人愿,他的报复计划开始没多久,就遇到了给他的人生带来第一个美丽转折的人——米里哀主教。米里哀无疑是冉·阿让回头便能看到的岸。米里哀用大爱感化了冉·阿让,在他恩将仇报的时候给了他原谅和救赎。也正是这场阴差阳错的闹剧,使得冉·阿让毅然决定弃恶从善,如米里哀主教一般用爱感化世人。我松了一口气,我早就知道,善与恶两者本就没有绝对的界限,自然可以转化。只是恶太容易,善太难,做一日善人容易,做一世善人难。我暗暗庆幸冉·阿让的善良是烙印在灵魂深处不可磨灭的,虽然这也造成了他后来一系列的悲剧,但我明白,他至死也不后悔自己的善良。

我欣喜地迎来了他的辉煌。善人总是受上天垂怜的,冉·阿让来到了一个崭新的城市,化名马德兰,以清白的身份造就了自己的人生巅峰。他对穷苦劳动人民总是乐善好施,尽己所能;对生活总是积极向上,奋发图强,民心所向的他被推举成为市长。为了帮助被帅哥始乱终弃并且未婚先孕的农村姑娘芳汀,冉·阿让在芳汀濒死之际答应照顾她的女儿珂赛特。后来事实证明他也兑现了诺言,收获了亲情。

我迷茫地看着他被自己固执的善良所害。("迷茫"一词很准确地表达了自己的阅读感受,对主人公的善良有同情,对其不幸的遭遇有叹息。)警察沙威执着地寻找着失踪多年的冉·阿让并立志要捉拿他。冉·阿让与珂赛特本可以平安无事的生活再次掀起惊涛骇浪。愚昧的沙威抓错了人,他认为那个无辜市民就是罪该万死的冉·阿让,在准备拖他去坐牢时,真正的冉·阿让毅然出现,拯救了这无辜的市民。他带着一身浩然正气,问心无愧地跟着沙威前往监狱。虽然他在路上逃跑了,但我依旧觉得他是我的英雄,是让珂赛特骄傲的父亲。

我痛苦地见证了他不可磨灭的信仰。冉·阿让的信仰是善良,深入骨髓的善良。当他被任命处决沙威时,他风轻云淡地悄悄放走了他。我突然有些同情沙威,他仇恨了大半辈子的人有一天突然变成了自己的救命恩人,而且那个救命恩人还是你曾经以为的罪大恶极的逃犯。冉·阿让的善良是沙威和我都没有想到的,这份刻骨铭心的仁爱颠覆了沙威的信仰,这足以击垮他的精神世界,于是沙威选择了最糟糕的结局——跳河自尽。

我平静地恭送他的离去。作为一个一生坎坷的市长,冉·阿让的人生道路真是崎岖不平。为了孩子而进监狱,为了亲人而逃狱,为了赎罪而救济,为了信仰而牺牲。(四个"为了"高度概括了冉·阿让善良的一生,这个排比句没有修饰性的词语,但敬仰之情蕴含其中。)他的一生都在为别人奉献,他用自己的一生点燃了善良的火苗。最后的最后,他的养女和女婿目送着他离去,淡然而祥和。我闭目,轻轻地他走了,正如他轻轻地来,他挥一挥衣袖,不带走一片云彩。

我总是在想,他若不固执地秉承着那份善良,他的一生是否不会坎坷又波折?（反问句表达了更为肯定的语气,言外之意是每个人都应该坚守心中的那份善良。）他一面爱着这世界,一面又痛苦地拥抱着一个又一个足以将他埋葬的阴谋。他的善良,使他付出了沉痛的代价,却又秉承了人世间所有的美好。这也是雨果想要表达的深意:一个人再穷也要有底线。这世界凄凄惨惨,总有天使降临人间,带来片刻的光明。同时也请人们加入这些天使的行列,照亮人间。

我妄图总结他的一生,却发现,他依旧徘徊在爱与痛的边缘。

点评

《悲惨世界》因其内容丰富和内涵深刻,使读者体会到作品有一种分量感。本文的小作者在纷繁复杂的"世界"中挑选主人公冉·阿让作为切入点来谈论自己的阅读感悟,是勇敢的。全篇以冉·阿让的经历为线索,采用段落排比的形式,在娓娓叙述中将自己的思考和理解融入其中,文笔优美流畅,文辞富有感染力,在其带领下,我们走进了冉·阿让的灵魂深处,对作品有了更深刻的理解。

珍惜永远站在你身后的人
——读《目送》有感

◆学校:海盐县博才实验学校　◆作者:朱佳仪　◆指导老师:符美英

雾散,散了迷茫,梦醒,醒了神伤。在这本美丽的书里,我看到的不只是悲伤。

——题记

起初看这本书只是为了打发时光,但渐渐地越看越深,意外地被触动了心灵。书中记录了作者自己作为母亲的感受和作为女儿在父母衰老过程中的心路历程。其实这种情感不仅仅是龙应台一个人的,也是我们每一个人的。"油米柴盐一肩挑的母亲,在她成为母亲之前,也是个躲在书房里的大小姐吧。"哪个孩子不是父母的掌中宝,捧在手里怕碎了,含在嘴里怕化了。但当这个孩子也有了自己的孩子后,她就必须长大,承担起母亲的责任。我的妈妈总是早早起床,为我和爸爸准备早餐,拖地,擦桌,洗碗,一刻也停不下来,还要操心我的学业,考虑我的生活,忙忙碌碌一整天,一天又一天。(这句话很有特色,长短句根据情感表达的需要做出合理的安排,运用得恰到好处。)习惯了母亲为我安排好的一切,甚至让我忘了她曾经也享受过这些……

这是时光匆匆流过的声音,这是关于光阴的故事,对于父母渐渐老去的无奈和愁绪,对于未来的憧憬和希望,时喜,时悲。这就是我们的生活,是过去,是现在,也是未来。我们每个人都在漫漫人生长路上成长,一生会看到无数次背影,这些背影总能带给我们一种说不出道不明的伤感。文中没有歇斯底里,有的只是舒缓柔情,却能敲击我们读者的心灵。("敲击"这个词语化无声为有声,化无形为有形,让我们更充分地感知到作品带给读者的影响力是巨大的。)

我爱我的母亲,但我总是在无意间冷落了她。我小时候很爱玩,在快餐店遇到了好朋友,于是两人一起聊天,好像有说不完的话,一起打闹,疯疯癫癫,不亦乐乎。母亲则静静地坐在一旁,没有只言片语,当她意识到店要关门时才来提醒我,但我却还赖着不肯走。虽然有时看着坐了几个小时、脸上充满倦意的母亲,我也稍稍有些愧疚,但没多久那一丝愧疚就烟消云散了。我知道我玩得很开心,却不知道母亲到底快不快乐。读了这本书后,我开始反省自己,我总是只顾朝前看,却忘了站在我身后的母亲。我曾多少次漠视了母亲对我的爱,我曾多少次忽视了母亲对我的关怀。每天晚上做作业时,母亲都会为我准备水果,准备牛奶,生怕我饿了渴了累了。书中写道:"即使同车,他戴上耳机……只一个人听音乐。"有时我又何尝不是这样?喜欢沉浸在自己的小世界里,就算在家里也房门紧闭,疏于与家人聊天。母亲想找我聊天我也会打个哈哈敷衍过去。(*"打个哈哈"这一口语化用语表达得诙谐幽默,细读可以感受其中情味——对母亲的愧疚及自我批评。*)我们是不是太疏忽母亲了?她含辛茹苦养育我们,却只能得到这样的待遇?当我每每看到母亲脸上又多了一条条皱纹,头上又多了一根根白发时,我就开始意识到母亲在老去,我会害怕。不是怕母亲不能再照顾我,而是担心我没有时间再来照顾母亲。两人面对面时,煽情的话总说不出口,我们因此浪费了多少表达爱的机会啊。

母亲十月怀胎生下了我,但在此后的光阴中,她只是更加地操劳辛苦。我不明白,为什么要这样受罪?可是,这个世界如果没有了母亲会怎样?! 父母对子女的爱总是随着时间的流逝和距离的拉远而增长。随着我渐渐长大,我想在这里告诉自己,在将来,也许你会去追逐自己的理想,离开父母,在父母的目送中渐行渐远,但希望你一定一定要记住,心中时刻有家,有他们,记得回头看看他们,他们要的真的不多,只是回头看看而已。你永远不知道什么时候会发生什么,细细算算一生还有多少时间留给父母,也许不知道哪个时候分别就成了永别,不要在失去后才幡然醒悟。龙应台在父亲健在时其实可以做很多,但直到父亲去世后,在飞机上看到像父亲的老人才痴痴地想:如果父亲还在,我还能做什么?可惜这世上没有如果。趁一切还来得及,慢下脚步,陪家人看沿途风景,看细水长流。(*虽然还没有经历深思熟虑的锤炼,但此番感悟已经颇具人生哲理,可见用情用心至深。*)妈妈也请您相信我,我的心中有您。

"我慢慢地、慢慢地了解到,所谓父女母子一场,只不过意味着,你和他的缘分就是今生今世不断地在目送他的背影渐行渐远。你站在小路的这一端,看着他逐渐消失在小路转弯的地方,而且,他会用背影默默告诉你:不必追。"我终究会长大,会体验这个轮回,体验一代代人经历的这个故事。

点 评

　　《目送》的文笔优美而细腻,龙应台将自己生活中的点滴娓娓道来,那些情感也如流水般涌出笔端,跃然纸上。"一千个读者就有一千个哈姆雷特",不同年龄的人读《目送》,感受也是不同的。本文小作者用细致的语言讲述着自己和母亲的故事,以及在逐渐成长的过程中的一些新的认识。感情真实,发自肺腑,让我们也深受启迪。

再遇还是你，就好

——读《目送》有感

◆ 学校：平湖市城关中学　◆ 作者：周家宣　◆ 指导老师：方家峰

爱只要有一个明天，就会有无穷无尽的希望。

——题记

又是一年花开，你在曾经疼爱你的人的老去中慢慢长大，直至离开她，远走他方。然后你有了孩子，你对他的爱远远超过对自己的父母，接着他长大你衰老，然后他成家立业，重复你的历程，一代又一代。或许这也是一种爱的延续吧。(语言简练、生动，开篇吸引人，点明中心。)

龙应台在《目送》中一开篇就写母亲得了老年痴呆，有时上一秒还在聊着天，下一秒母亲就呆呆地问你是谁。母亲没了记忆，但她爱孩子的心却永不停止，就像中央电视台播放的一个公益广告那般，父亲就算忘了所有，也不会忘记爱你。君未看此花时，此花与汝同归于寂；君来看此花时，请汝善视。

"所谓父女母子一场，只不过意味着，你和他的缘分就是今生今世不断地在目送他的背影渐行渐远……而且，他用背影默默告诉你：不必追。"龙应台在儿子十六岁到美国做交流生一年时，看着他离开自己的怀抱，走向人潮拥挤的队伍，进行护照检验，在海关窗口停留片刻，然后拿回护照，闪入一扇门再不回头，倏忽不见。

她内心涌过的除了寂寞心酸，还有另一个背影，那是属于父亲的。父亲对自己的无用感到无力，送龙应台到学校后，明明都启动了引擎却又打开车窗，说："女儿，爸爸觉得很对不起你，这种车子实在不是送大学教授的车子。"直到最后看着距离不到五米的父亲被火化，她额前的头发被细雨打湿，深深，深深地凝望，希望记得这最后一次的目送。在文章的最后，龙应台颇有深意地重复了一遍："所谓父女母子一场,只不过意味着,你和他的缘分就是今生今世不断地在目送他的背影渐行渐远……而且,他用背影默默告诉你:不必追。"

　　或许等你长大的时候,你的父母已显得愚钝,你对待他们也早已没了以前那种崇拜,有的只是在他们细心叮嘱你、劝导你的时候的不可一世,以及对他们的啰唆的不耐烦。你总以为你已经长大了,足以去面对外面的狂风暴雨,却不曾想到你一直是他们保护在象牙塔里的孩子。无论你多大,无论你多么急切地想证明自己是个大人了,你终究只是个被保护在象牙塔里未经世事的孩子啊。(自然承上启下,生动地写出了父母对孩子浓浓的爱。)

　　花又开了,原来每次惊喜地站在花盆前驻足流连的人不见了,只有这盆花还在这里花开花败,直至枯萎死亡。你手上的小疤痕再也没有人来问津,不再有人在你摔倒时急切地拉起你,脸上满是担心,嘴上却抱怨着说:"你怎么那么不小心,又不是小孩子了。"

　　是啊,不再是小孩子了,身边人越来越少,很多时候都是目送他们离开,然后再也不见。随着年龄的增长,任性地将身边亲近的人都推远,总自以为是地认为他们一定不会离开,毕竟他们那么爱我。却忘了越是爱你的人,被你伤害后心越寒,直至绝望,然后选择离开,最后的孤独还是你自己选择的。我说过了啊,你从来就不是大人,你只是一个被保护在象牙塔里却自认为长大了的小孩罢了。(语句描写细腻,意境深远,读起来令人感动,回味无穷。)

　　有些路,只能一个人走,不要总是期盼有人能一直陪你走下去。但请在漫山遍野茶树开花的时候互道珍重,目送对方的背影,不必追,再遇还是你,就好……(结尾呼应开头,点明中心。)

点评

　　这篇文章情真意切,感人至深,字里行间透露出小作者对父母的感恩之情,强调了父母爱的无私与伟大。首尾呼应,结构严谨。语言生动优美,说理层层深入,耐人寻味。

纯真与善良

◆学校:海宁市第五中学　◆作者:潘怡佳　◆指导老师:唐晓靖

　　在盛夏的清晨,虽有一丝微风,但却依然赶不走夏日特有的闷热,让人略略感到烦躁和不安。拿起手边的书,"小王子"三个字映入眼帘。刚想翻开,耳边却传来一阵嘈杂的嬉闹声。走到窗边,原来是一群孩子在花园里玩耍,叫声、笑声不停地刺激着我的耳膜,让我感到浑身不适。无奈的我,只能拿上书本走进了房间。

　　书中的小王子住在一个比自己大一点的行星上,他先后遨游了六个星球,遇到了各种不同的人:有自以为是的国王,有爱慕虚荣的人,有为了喝酒忘记羞愧的酒鬼,有热衷于统计星星数目的商人,有拘泥于职责而劳累的点灯人,还有那个从不出门的点灯人。但他们有个共同的特点,就是把最美好的东西给忽略掉了。(简单地概括了书中出现的不同人物,虽然个性不同,但是有一个共同的特点:忽略了最美好的东西。)

　　童年时的我看到的世界总是如此的美好。路边的老人摔倒总会有人立即上去搀扶,公交车上让座的行为总是时时刻刻在发生,拐卖儿童这个词从来没有出现在我的词典中,只觉得那个时候每个人都过着幸福快乐的生活。

　　随着时间的流逝,我慢慢长大了,却发现周围我看到的听到的并不同于儿时,仿佛这个世界在突然之间变得暗淡邪恶。人们怕被碰瓷,怕被抢座,更怕被拐卖。(前后文形成鲜明的对比,从美好善良到冷漠伪善,点明纯真与善良逐渐流逝。)究竟是什么让这个世界变得如此冷漠和伪善,或许是因为流水冲刷走了太多纯真与善良吧。

　　如果有一座蓝屋顶涂满画的漂亮房子,大人们也许只会在意这间房子的价格,因为在他们眼中贵的才是好的。(以大人的角度看待一座房子,"只在意价格"表现出大人们已经被物质、现实左右,早已经失去了纯真的内心。)或许大人就是这样，在人生道路上不断追逐，当功成名就时，却早已失去了内心最本真的存在。想到此，我不禁打了一个寒战，这会不会就是以后的我呢？不，一定不会的。在我的人生旅途中，我不愿被物质追求迷住双眼，不愿让世俗的眼光左右我的选择。我更希望能够一直以小王子这样的视角来看我们的世界，坚守自己的初心。

思及此，整个人似乎都轻松了很多。打开房门，耳畔又传来孩子们的嬉笑声，但却觉得少了之前的那种刺耳，多了一抹天真和美好。（照应开头。"我"从"感到浑身不适"到"觉得多了一抹天真和美好"，这其中，只因一本书带来的启示。）看着孩子们那小小的身影，我在心里默默地告诉自己：不管世界怎样改变，都要拥有一颗童心，就如水晶般澄明！

点 评

文章写了小作者阅读《小王子》后得到的感悟。文章中多处运用对比，突出了在时光流逝中渐渐消失的纯真的宝贵。有一句话这样说："拥有一颗童心的人，永远不会老去。"文章首尾呼应，笔墨精练。

另一种童年美

——读《给燕子留个门》有感

◆学校:嘉兴市南湖区凤桥镇中学　◆作者:史莹莹　◆指导老师:姚春燕

　　时间的脚步从未被任何人打乱过。步入初三,曾经觉得如此漫长的初中生涯也即将结束了,而那原本以为已经随风而逝得一点影子都没留下的童年,却在这个暑假,在一本书里又鲜活了起来。我重新进入了那充满童真与乡趣的世界。(开头先描写自己即将结束的初三生涯,表达了对时光飞逝的无奈和对童年生活的怀念。"却"巧妙转折,引出下文。)

　　暑假伊始,我拿到了一本新书——《给燕子留个门》,多么奇怪的书名!这引起了我的兴趣,我赶紧翻到目录,原来这本书有许多篇文章,《给燕子留个门》只是其中的一篇而已。可作者干亚群为什么偏偏选这篇文章做书名,我相信这篇文章一定有一种特殊的美,我迫不及待地翻到那一页。

　　一气呵成,读完,哦,这原来是个暖人心扉的故事啊!在《给燕子留个门》这一篇中,作者写道:有一家人都喜欢燕子,因此"约定俗成",最晚进门的人,要看一看燕子是不是到齐了,然后关门——这是晚上最后一个仪式。"就像大人牵挂会玩的孩子迟归那样,我也会提醒家里人:给燕子留个门。"

　　多么暖心的仪式,不仅暖了燕子,还暖了童年早就看不见了的读者。当时我就在想,如果我家也有燕子来,我也要提醒家人举行这个仪式,即使我的童年已经过了。可是,马上我就灰心丧气了:从小到大,燕子都没来过我家,大概是因为现在的世界是工业化、城镇化了的现代化社会。(由文章想到自己,却想起燕子从未来过自己家中,这其中的失落可想而知。原因便是当今世界的不断发展。为下文的抉择埋下伏笔。)

　　现在有许多人面临着一个问题——你更喜欢待在城市,还是乡村?它们两者各有各的好处,而我的回答是:乡村。"采菊东篱下,悠然见南山。"我喜欢陶渊明的这句诗,他描绘的正是乡村生活。待在乡村,没有世俗的喧嚣,有的只是心中的那份纯净,怪不得古代有那么多人喜欢隐居山林了!(引用陶渊明的诗句,表达小作者对诗中所描绘的世界的向往。)这本神奇的书给我们展示的是另一种童年美。

我开始怀念那有燕子愿意绕梁归家的乡村生活了。在作者看来,乡村永远是记忆中最美丽的地方,它宁静、质朴,回荡在这朴实、纯真的文字中。可见,作者的童年非常快乐、无忧无虑,作者童年时肯定是一个非常细心、敏感的孩子。

虽然我的童年也有许多快乐的事,但是我总觉得我大部分时间是在看《喜羊羊与灰太狼》中度过的。我喜欢作者的童年,她的童年没有动画片,但有着许多快乐的事情,她的童年多着一种纯真质朴吧!也许我的童年也有许多可以写成文字的温暖点,但因为我的不在意而被忽视了。

突然间,我豁然开朗:作者在给我温暖的同时,用文字的力量也给了我一个点亮生活的技能——锻炼自己的心,让它变得非常细腻、敏感,也许我能找到自己身边的温暖点。

作者干亚群给我展示了另一种童年美,我想,我也能借着这篇文章的力量给自己的人生展示另一种成长美!(回忆了童年,可过去的已经过去。小作者借这本书带给自己的启示,抬头向前。从童年看到成长,也表达出小作者积极乐观的可贵品质。)

点评

文章围绕着《给燕子留个门》这一本书,写了小作者自己的一些真实感想。表达了小作者对童年的怀念和对乡村自由美好生活的向往,也表达了小作者对待今后生活积极乐观的态度。

记忆的温度

——《诗书漫卷的时光》读后感

◆学校:嘉兴市秀洲区新塍镇中学 ◆作者:陈 贝 ◆指导老师:张 明

在笔墨间,怀念一段时光遗留的残文。

——题记

《诗书漫卷的时光》这本书,当初最吸引我的是它的名字。它带给我一种夏日午后难得的慵懒与闲适之感,仿佛在不经意间,时光也被渲染得缓慢了。但当我合上它的那一刻,我发现,它更独特的魅力在于:它唤起了我记忆中的时光……(开头直奔主题,让人一目了然。)

它不是叙述了一个惊险、刺激的故事,不是一本知名作家的散文游记,它仅仅只是一篇篇生活中最熟悉的图书读后感。对,仅此而已。而这些读后感的作者并非大名鼎鼎的文人墨客,仅仅是和我一样的莘莘学子。因此,这让我倍感亲切。其中大多数的名著我都读过,也都有自己的体会,但再读一遍这本书之后,我回想起自己读这些书时的笑与泪,也曾为主人公的命运担忧,又为他的经历惊喜,也曾经幻想自己进入故事中,与主人公并肩作战。更深刻的是,它让我从别人的眼中看到了另一个不一样的却又似曾相识的世界,让我感受到了别人的独到见解,更完善了对这些书的认识。

这就像时光老人赠予我的一杯温水,不必着急,不必担心。细细品味之后,发现这才是记忆深处的那抹温度,平淡却有味。(把时光比作老人,描写细腻,为文章增色不少。)

在《浮生若梦——读〈朝花夕拾〉有感》中,我从岁月渐长的作者眼中看到了一读再读的感悟,随着时光的逝去,这本书给作者的思想沉淀越来越多,从儿时对这本书的疑惑、迷茫到初中时对这本书中感悟与追念的理解，是作者的蜕变，是成长。于是，我又从作者眼中看到了那个繁荣寂寥的百草园，却多了一丝别样的风景。

在《不忘初心——读〈骆驼祥子〉有感》中，我似乎又看见了祥子额头上的一滴晶莹的汗珠，但在生活的洗礼下，祥子被消磨殆尽，只剩下一具没有灵魂的躯体，鲁迅便把那个社会称为"吃人的社会"。（写出了当时社会的黑暗。）只是作者"不忘初心"四个字又勾起了人性中的那份执着。青春，正因那份纯粹而绚烂。

这本书不繁杂、不浮夸，仿佛来自一个宁静的世界，就像夏天爷爷的大蒲扇摇曳的那个世界。蝉鸣半夏却不骄不躁，老时光零落在拐角处，再轻的脚步声也听得见。一页书、一张纸唤起年少时的那些诗、故事和人。

记忆中最值得珍藏的是什么？

我答：记忆中最值得珍藏的那些，最终不过，一曲一书一世界。（运用自问自答的形式，升华主题，使文章顿生光彩。）

点 评

阅读同龄人写的读后感，更能引发共鸣，激发思考。整篇文章构思别致，语句生动优美。文中多次点题，层层递进。开篇的优美语句渲染了下文，结尾的自问自答别出心裁。

正义与友谊
——读《哈利·波特与死亡圣器》有感

◆学校:嘉善县第四中学　◆作者:周亦蕊　◆指导老师:顾书娟

　　当我看到书页上"尾声十九年后"的字样时,先前扑通扑通的心脏骤停了一秒,然后更加飞快地跳腾起来,我可以清晰地在夹杂着狂欢、激昂、紧张、期待,甚至载着满心不舍的一呼一吸中听到心脏狂跳的声音。看尾声的时候,我是从始至终都面带微笑的,这种笑意中有一些欣喜和一些欣慰,我相信每一个用心去阅读这本书的人都会有相同的感受。(描写了自己看书时的真实感受,生动形象地表达出了对此书的喜爱之情。)合上厚厚的书,我不禁长舒一口气,仿佛还久久地沉浸在书中营造的魔法世界里欢欣雀跃,那样恋恋不舍。

　　这本"哈利·波特"系列的终结篇,是如此神奇地给人带来了犹如重生般的力量。望着那大大的书名——《哈利·波特与死亡圣器》(下文简称《哈利·波特》),我心中的涟漪难以平息。

　　本书讲述了霍格沃茨魔法学校的传奇学生哈利·波特为了完成已故的前任校长邓布利多留给他的消灭伏地魔的任务,与好友罗恩、赫敏出发寻找关系着伏地魔生命的魂器并意外得知了"死亡圣器"。最终,哈利历尽艰险,销毁了多个魂器,战胜了伏地魔,取得了魔法世界的伟大胜利,使魔法世界迎来了希望与光明。(简单概括了文章的内容,为下文做了铺垫。)

　　真不敢相信这是一个十七岁的、刚长大成人的少年经历的惊险跌宕的故事。不过,魔法世界自然充满奇迹。读《哈利·波特》,我在不可思议的奇幻空间遨游,我被时时处处有感动有震撼的情节所打动,我为文字背后的一切,为我从中受益的一切,衷心地赞叹。

　　读《哈利·波特》,我深刻地了解到能力与立场究竟孰轻孰重。读过这本书,我会毫不犹豫地说,立场更加重要,正确的立场比强大的能力重要太多了。强大的能力固然可以帮助你所向披靡,但若立场不正确,这种能力终究不会打败正义,而会打败自己。我想,最终的胜者的能力,都是建立在正义的立场的基础上的吧。伏地魔操纵者般强大的能力叱咤风云,无可置疑。他的魔法能力以及他狠毒的手下们足以让他打败所有人,掌控魔法世界,可他却数次败给哈利这个小小少年,最后还死于哈利之手。这究竟是为什么?因为立场的不同啊。你支持恶势力便是一个心术不正之人,群众必会反抗;而你站在正义的立场上,群众会支持你、援助你。正义终会取得最后的胜利,这话放之四海而皆准。(表明站对立场有多么重要,俗话说"邪不胜正",使人强烈地感受到正义终将战胜邪恶。)

读《哈利·波特》,我强烈地感受到了在通往胜利的路上友谊带来的强大支撑和无限力量。书中的罗恩与赫敏是哈利出生入死的挚友,陪伴他克服了大大小小的无数的艰难险阻,帮助他打败了一个个危险的敌人,始终不离不弃,给予自己所能给予的最大帮助。罗恩曾在中途因寻找魂器之路的希望渺茫,加上长时间的孤独与佩戴魂器的影响而负气出走,之后感到由衷的悔恨而又重新回归,继续战斗。真正的友谊,大概就是在经历了挫败之后还能并肩战斗吧。我想,如果没有罗恩和赫敏无私而坚定的陪伴与帮助,是不会造就哈利·波特伟大的胜利的。

读《哈利·波特》,我仿佛找到了自己的标杆,找到了前进的方向,我明白了正义与友谊的深刻含义,并从哈利·波特这个少年的身上汲取了无限的力量。(第四个"读《哈利·波特》",着重强调了这一切都是从读了这本书才感受到的,可见小作者感悟之深。)

点评

《哈利·波特与死亡圣器》无疑是孩子们非常喜欢的一本书,可贵的是小作者跳出了精彩纷呈又险象环生的魔法世界,收获了理性的思考:正义最终会战胜邪恶,友谊给予人强大的支撑和无限的力量。读得真切,读得动情,读得理性。

接受"平凡"的洗礼

——读《平凡的世界》有感

◆学校:嘉兴市秀洲现代实验学校　◆作者:吴雨祺　◆指导老师:姚雄伟

每一个平凡的人,无论怎样,背后都有一个不为人知的不平凡的世界。《平凡的世界》这本朴素的书早已将这个道理渗透进了每一个字中,只等待着那些身虽平凡、心却不凡的人逐步去领悟它。

这本书传播甚广,还被拍成了电视剧。作者是路遥,他出生在农村,写作素材也大多来自农村。他始终认定自己是一个"农民血统的儿子",他坚信"人生最大的幸福,也许在于创作的过程,而不在于那个结果"。

作者以中国上个世纪七八十年代的社会生活为背景,以孙少安、孙少平两兄弟为中心刻画了当时社会不同阶层众多人物的故事,深刻地讲述了普通人奋力拼搏、不断向上的故事……

书中令我印象深刻的是"孙少安"这个人物,他就像是一团在燃烧的火,充满了激情与斗志。孙家本就贫穷,想要发家致富更是困难。可孙少安不断地给自己创造机会,也抓住了机会,成功地创办了一个窑厂。尽管规模并不是很大,但孙家因此摆脱了贫穷。但孙少安不想止于此,坚持要将窑厂做大,淳朴善良的他将村民都招为工人,想要让全村一起发家致富,于是他从河南请来了一个颇负盛名的烧窑师傅。但谁知,上天跟他开了一个大大的玩笑!因为那个师傅的技术不纯熟,一下子,窑厂摇摇欲坠,村民们也上门迫切地讨要工资。孙少安面临一个大大的危机!但面对险境,他却毅然坚持,最终,真正将窑厂做强做大!(虽然面临危机,但孙少安却用他的坚持成就了他的梦想!两个感叹号连用,作者对"孙少安"这个人物的喜爱之情清晰可见。)

我开始还不懂,书名为何叫作《平凡的世界》,但合上这本书,静静沉思后,方才恍然大悟。平凡究竟是什么？是普通？是庸俗？不，所谓"平凡"，也许是一种上苍赋予你的觉醒仪式！（发出疑问，平凡到底是什么？继而引出自己的理解，为下文做了铺垫。）

世界是平凡的，人生是平凡的，但只要你也曾有过一分半秒、一时半刻去争取，就不平凡！但凡你把每一件平凡的小事做好了你就不平凡。也许"平凡"是两场考验：第一场，考验你的决心；第二场，考验你的初心！

你说你生来就不是平凡的人，你不用决心，你只用挥手，也能成就辉煌？你的初心，也可以轻松完成？你就是一个不平凡的人？但很遗憾，"不平凡"从来都是后天得到的！生活应该包含着更广阔的意义！

朴树在《平凡之路》中唱道："我曾经跨过山和大海，也穿过人山人海；我曾经问遍整个世界，从来没得到答案。我不过像你像他，像那野草野花。冥冥中，这是我唯一要走的路啊。"曾经多少次，这歌词把我深深地打动。

是的，平凡就是一条路。路的起点叫作身的平凡；路的终点，叫作心的不凡；路中的障碍叫作时间；交通工具就叫作——努力！（借一首歌引出平凡是路的比喻，接着带出关键词"努力"，上下文过渡自然，使文章十分连贯。）

"不惋惜，不呼唤，我也不啼哭……金黄的落叶堆满心间，我已不再是青春少年。"该长大了，总该长大了，你总要面对这个世界。尽管我们站在同一条平凡的起跑线上，可有那么多人都在努力，去争取，而你，还沉浸在你幻想中的美好世界里？

也许现在的世界，没有小时候梦想过的那么美好，还是处处充斥着平凡的朴素味。但你总要和这个世界打招呼，用你的努力，来证明你的存在。

来吧，少年！让我们接受平凡的洗礼，用努力来证明我们的初心，用汗水来实现我们人生的价值，用激情来活出人生的精彩！去拿自己平凡的生命完成那一切不平凡之事，那才叫作人生！那才叫作不平凡！去用你响亮的嗓音、坚决的态度跟这个世界打声招呼："嘿，这个平凡的美丽世界！"（最后点题，照应开头，同时总结全文，点出人生的不平凡皆由努力和坚持创造。）

点评

文章以"平凡"作为中心展开叙述，表达了小作者心中的"不平凡"。生活虽是平凡的,但是只要坚定决心,坚守初心,努力向前,就能创造出不平凡来。文章感叹号出现较多,表达出作者内心强烈的情感,过渡自然,连贯性很强。

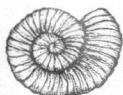

书海拾贝

我们躲避过度的崇高,是为了复现人性的本来的面目。认识了人性的怯懦与卑下,我们才懂得包容和悲愤,再踏实地谋求个人道德上的进步和完善,而不是反其道而行,奉怯懦卑下为理想。

——梁文道

诗海泛舟

◆学校:平湖市东湖中学　◆作者:沈毅磊　◆指导老师:俞秀燕

　　驾一叶扁舟,独自在诗海之中前行。累了,便放下手中的橹,任扁舟随波逐流。我用双手舀了一抔诗海之水,唰的一声,水中浮现出一句句诗,将我的思绪带进了诗的世界,诗人的世界……(开头直奔主题,在诗海中前行,以景寓情,渲染意境。)

诗·傲

　　"天生我材必有用,千金散尽还复来。"自信乐观又旷达不羁的李白,尽管在官场上不尽如人意,但犹令力士脱靴,贵妃磨墨。他的远大抱负在"俱怀逸兴壮思飞,欲上青天览明月"一句中可见一斑。无奈官场黑暗,他愤慨地唾弃道:"安能摧眉折腰事权贵,使我不得开心颜。"言罢,挥袖离去。发出"人生在世不称意,明朝散发弄扁舟"的感叹。从此过起了"浪迹天涯,以诗酒自适"的生活。满腹经纶但又怀才不遇的他不禁感慨:"行路难! 行路难! 多歧路! 今安在?"心中虽有宏大的理想抱负,但当初他那"长风破浪会有时,直挂云帆济沧海"的积极乐观、自信豁达却已不复存在。一生不羁、孤傲的李白,颠沛流离,不被重用。最终"酒醉致死"。(举了李白的例子,用大量的诗句突显李白的积极乐观与孤傲不羁,甚是精妙。)

诗·情

　　"愿君多采撷,此物最相思。"春天到来,王维看见一旁的红豆,不禁想起了友人。怀着对友人的眷念,挥笔写下此诗。诗中饱含王维与李龟年之间诚挚的友情。

"在天愿作比翼鸟,在地愿为连理枝。"七月七日长生殿中,玄宗与玉环一同许下了美好的誓言:愿生生世世在一起,永不分离。他们可歌可泣的爱情,成为一段千古流传的佳话。

"春风又绿江南岸,明月何时照我还?"又是一年春天至,王安石独自站在长江边,望着滔滔江水东流去,思念起了故乡。绵绵的思乡情在他心中回荡,他写下了这一首怀有浓烈思乡情的诗。

"人生自古谁无死,留取丹心照汗青!"伶仃洋上,爱国志士文天祥,以此诗明志,表达自己慷慨激昂的爱国热情、视死如归的高风亮节以及舍生取义的人生态度。在山河破碎的乱世中,他拒绝归降,最终英勇就义。

诗·闲

"采菊东篱下,悠然见南山。"陶渊明不愿为"五斗米"折腰,甘愿隐居于庐山脚下,"与青山绿水为伴","与古木山猿为友"。过着"晨兴理荒秽,带月荷锄归"的悠闲恬淡的生活,不与世俗同流合污。"衣沾不足惜,但使愿无违。"这些诗句充分体现了他向往田园生活,向往自由自在的心理。他归于自然,追求人与自然的和谐,追求悠闲、静穆、淡远,逝世在自然的怀抱中。

我轻轻将手中的水洒入诗海中,重新摇起了橹,驾着扁舟,继续向前划去……
(结尾虽然简练,却很有意境。"驾着扁舟"与上文遥相呼应。)

点评

文章采用小标题的形式,使得结构清晰可见。文章列举了大量名人的事迹和诗句,富有诗意,多而不杂,恰到好处。多处借景抒情,有感染力。文章结构严谨,笔墨精练。

守望不变的初心
——读《小王子》有感

◆学校:平湖市东湖中学　◆作者:姚　遥　◆指导老师:高莉莉

　　小王子就是岁月最初的我们,保有童真并向往一切美好的东西。(以小王子开头,希望人们可以像小王子那样初心不变。)

　　但经历了时光沉淀的我们还怎能如初? 是的,"我始终认为一个人可以很天真地活下去,必是身边无数的人用更大的代价守护而来的";正如作者所言,美好总归是有代价的。小王子在飞机坠落的撒哈拉沙漠守护着圣-埃克苏佩里,陪他说话,伴他重忆最初。但人总是要走出沙漠的,小王子却永远在美好之中,因为不是一个世界的人是注定要分别的。这种结局似乎也暗示着我们小孩儿啊,总归有一天会忘记自己还是孩童时的种种独到的想法。就像书中的一句话:"所有的大人都曾经是小孩,虽然,只有少数的人记得。"(引用书中的句子,切合主题。)因为过往种种不复存在,所以心里也会有功名利禄。

　　小王子临走前对圣-埃克苏佩里说:"你明白,路很远,我不能带着这副身躯走,它太重了。"是的,我感觉到了猝不及防地滴落的眼泪。一切守望都不是没有理由的玩笑,因为那是心的声音。它还是呼唤着我们去寻找生命的初心。

　　回望小王子的出游,那些大人总是这样——无理取闹。还记得作品中土耳其天文学家发现小行星B612的事,他曾在一次大会上做过重要的论证,却只因为衣着不对而没有得到认同。

　　小王子养过一朵玫瑰花,是一朵傲娇极了的花,但她同样有柔软的心。他准备离开时,花儿显得满不在乎,却又怕他看见自己在流泪。四根刺有什么用? 可以保护她的傲娇。她还是那么令小王子心疼。"你在你的玫瑰花上花费的时间使你的玫瑰花变得如此重要",因为太年轻了,所以小王子还不懂得如何去爱她。有些事，流浪过才会懂，经历了这么多，小王子终于明白，其实最初的还是最美好的。但最初还走得回去吗，再回去花儿还可以这么傲娇吗？记忆中终是多了东西，我们终究还是成长了。（设问句，设置悬念，吸引读者。）

还记得我第一次读这本书只是浅尝，只顾了情节，忽略了情感。再读就不相同了。此类事我也做过不少，譬如曾读过不知道多少遍的《城南旧事》，如今也还没有读厌。对于《小王子》，我似乎同样怀着难以名状的喜欢。

"我看到一幢用玫瑰色的砖盖成的房子，它的窗户上有天竺葵，屋顶上还有鸽子……"这句话的语言很美好，小孩子可以充满想象，而像作品中热爱数字的大人那样的人却无法感受。这样的语言才是我们最需要的，带着生命的鲜活，也带动着我们的情感。我们应该好好地守望着，用文字传承下去。初心不变，方得始终。（点题，表明文章主旨。）

点评

"初心不变，方得始终。"小作者用细腻优美的文笔向我们娓娓道来阅读心得，"小王子就是岁月最初的我们，保有童真并向往一切美好的东西"。阅读带给小作者的不仅是文字的享受，更是心灵的震撼。文章中处处流露小作者对人生的思考，情感真挚，思想深邃。

在复杂的人生里做简单的自己

——读《边城》有感

◆学校:桐乡市石门镇羔羊初级中学　◆作者:沈琳琳　◆指导老师:吴巧英

　　对爱的执着,青春的羞涩,心理的复杂,在她身上,都一一涌现着。也许我们都忘了当时的年少气盛,忘了当时的内敛羞涩,但我们都不会忘记曾经的执着与爱。(引出下文,使读者展开联想,埋下伏笔,为下文做铺垫。)

　　我说的她,正是《边城》中的翠翠。翠翠,是一个自幼就无父无母的可怜女孩,陪伴她的就只有年迈的爷爷和一条黄狗,她是不幸的,但她又是幸运的。在我看来,《边城》就是翠翠的成长记,我可以从中收获很多,但最让我感到惋惜的是,一份真情真爱,在不对的时间、不对的地点,悄然无声地"发酵"。哥哥天保喜欢上了淳朴的翠翠,但翠翠却喜欢弟弟傩送,傩送也喜欢着翠翠,用现在的话来说就是三角恋。但当时的人哪像现在这样自私,当他们发现自己都深爱着翠翠时,哥哥天保主动退让,乘船离去,却不料途中出事故,溺水身亡。天真的翠翠等到她爷爷死了,还没有说出自己对傩送的心意,她就这么等待着。这是一场纯洁的情意绵绵的爱情悲剧。

　　翠翠怎么就这么执着,是什么在支持着她,是对爱情的信仰,还是对爱的专一,抑或是因为这是初恋?我不懂,因为我没有经历过,我也不想经历。这也是我为翠翠感到惋惜的地方,难道就为了一场没有开过花的初恋而耽误自己美好的青春?

　　我不知道后来结局怎么样,因为我不喜欢把一本书读完,我总会剩下几页,因为我怕结局不是我想要的,会感到深深的遗憾。翠翠,因为年少时的青涩,注定了分离和等待。于是,我决定了,不管是什么,无论结局怎么样,不论世人的眼光如何,我都会遵从我的心去做。现在,我正是初中学习阶段,我决定把全部的精力用在学习上,把握这个美好的青春时期。因为有人曾和我说过:"走自己的路,让别人去说吧!"因为没有努力,哪来成功?（小作者从翠翠的经历中获得启发,鼓励自己要珍惜时间,努力奋斗。）

"不坚强,懦弱给谁看!"是啊,我们应该大胆一点,追寻自己想拥有的生活,生命只有一次,且行且珍惜啊。也许某一天,我们会感谢自己所做的,感谢现在的拼搏和努力;也许某一天,我们也会后悔现在做的某一件事,后悔当时的年少气盛,后悔当时的"横冲直撞"。但不管怎么样,活好当下,让生命留下曾拼搏、曾后悔、曾洒过汗水……曾经的所有的痕迹。然后,我慢慢成长,走向无悔的未来。

对于未来,我也有憧憬,对于纯洁的爱情,我也有向往,但是我应该在对的时间,做对的事情。如果有那么一天,我也遇到了一份真情,我会说出自己内心的想法。也许当时如果翠翠说出了她对傩送的感情,他们就会幸福地在一起。当你对一个人说"我喜欢你"的时候他刚好也喜欢着你,这是一件多么浪漫、幸福、温馨的事啊!

女孩的青春是有限的,犹豫不决会错过很多,不光光是爱情,还有许许多多人、事、物都会在犹豫间,与我们擦肩而过,流失在唇舌间。也许只要你大声说出来,所有的事都会为你的勇气而改变它的发展,为你而改变。所以有些东西,还是需要你去争取,它很调皮。其实生活很简单,想做什么,就做什么,想说什么,就说什么。人生说长不长,说短不短,说复杂,也简单。

别活得太累,复杂的人生,怎么也看不透,还不如做简单的自己,活得轻松点,多好!（点明题意,抒发感情,升华主题。）

点 评

《边城》是沈从文的代表作,这篇文章生动形象地写出了翠翠天真善良、温柔清纯、含蓄内敛的特点,通过分析翠翠的爱情经历,小作者阐述了自己对时间、对人生的看法。文章一气呵成,详略得当,观点让人很受启发。

情迷三国

◆学校:桐乡市石门中学　◆作者:潘郭艳　◆指导老师:韩永琴

最近迷上了一本书——《三国演义》。(统领全文,引出下文,点明文章主旨。)

其实,在开始认字、读书的时候就听闻过这本书的大名了,只是苦于没机会看一看。一直以来,各种评价它高深莫测的话语在我脑中筑了窝,我算是被"蒙蔽了双眼",我甚至是怀着被强迫完成名著阅读的心理开始看的。

不过,那时的我肯定没有料到,自己竟然会如此着迷。

一开始是为了完成一道练习题,我才去跳页翻看《三国演义》的,看的正是家喻户晓的"刘玄德三顾草庐"的内容。《三国志》中以"凡三往,乃见"一笔带过的部分在《三国演义》中竟几乎占了一章的内容。我不知不觉地被吸引了注意力,满怀着兴奋,好奇地看了下去。

看过了相关的两章内容,我只萌生了一种想法,抑或是整个大脑都被这种想法占据——想笑。

为什么呢?三顾茅庐的曲折自然为人所熟知,但恐怕只有真正看过原著的人才会明白这到底是如何的曲折——认错人,各种认错人,凡碰上个人都会认错!我笑,也许只是因为表面的故事情节。但同时,刘备那种"思贤如渴"的态度也可见一斑了,凡遇上看似仙风道骨、满腹经纶的人,他都会上前询问一番,已经是几近"痴狂"的程度了吧。

这回回碰壁吊足了我的胃口,以至于刘备终于等到诸葛亮时,我也舒了一口气,心中感慨:可算是把你的孔明等到了。这样想来,诸葛亮怎么会不因为刘备的诚心而出山辅佐呢?毕竟连我们这些读者都感受到了啊。(读者们都感受到刘备是诚心来邀诸葛亮出山辅佐的,可见刘备的诚心之足、之大,从而引出下文。)

态度坦诚,自然也能得到他人的坦诚相待。突然想起老师上课时提到的无人营业商店,顾客自行挑选,结账,没有所谓的收银员。这也许离"诚心"这个概念有点儿远,但也不失为"诚"的表现。可细细想来,这种商店肯定是做好了万全的准备才敢营业的。世上哪儿来那么多诚信无私的人呢?是个人,总会有点儿私心,谁也不例外。

　　既然说到"刘玄德三顾草庐",就不得不提及一下诸葛亮这一人物了。的确,在历史上,诸葛亮是杰出的政治家、军事家,以"绝代智谋"来称赞他绝不过分。但在我所看的章节中,诸葛亮说了这样一句话:"亮夜观天象,刘表不久人世。"初看是没什么,但深思却颇疑惑了。"夜观天象"这种说法放在讲求科学性的现在,显然是无厘头到了极点。不过,恰恰是这样的写法,将诸葛亮"智谋"的身份深深烙印进了读者心里。这本来就是一部小说,真真假假,虚虚实实,也不必太较真。

　　较真了,你就输了,就无法体会到这本书精彩的地方了。

　　不较真,说的大概就是随心随性,不拘小节吧。我想,张飞,可能就十分适合这八个字。也许在很多读者眼里,张飞只不过是粗野鲁莽、有勇无谋的一介武夫,一旦到了他说话的当儿,尽是些粗鄙之语,好像说的是另一个世界的话。但这不就是张飞不拘泥于封建礼节、直爽豪放的直接体现吗?不管怎么说,我是对他持欣赏态度的。藏言纳语,话中有话,活着也太累了。*(从阅读《三国演义》的感受引出对张飞的评价,写法独特,又不失自然。)*

　　林林总总的人物,个个性格鲜明,形象深入人心,怪不得我会为此着迷。

　　最近迷上一本书——《三国演义》。伴我成长似乎为时已晚,但我不会介意迷恋上它。*(首尾呼应,使结构完整严谨,中心突出。)*

点 评

　　本篇文章围绕《三国演义》中的人物以及故事展开,小作者能在引述基础上提出自己的观点,说明自己迷上这本书的原因,有理有据。文章语言流畅自然,情感真实强烈,很是生动。

勿忘在绝望中微笑

——读《简·爱》有感

◆学校:海盐县武原中学　◆作者:黄静依　◆指导老师:李　心

　　"我贫穷,卑微,不美丽,但当我们的灵魂穿过坟墓来到上帝面前时,我们都是平等的。"(引用作品中的语句,自然切题,引出下文。)

　　假使你的童年寄人篱下,受尽欺辱,遭受污蔑与不公,却又无能为力;假使你少年时期看尽人事,亲眼看见天使陨落,在绝望边缘徘徊。你当如何? 简·爱选择了坚守尊严,选择了追求自由,选择了长得平凡却活得漂亮的一生。

　　嘀嗒嘀嗒,钟表在一圈一圈地倒流岁月,在时光尽头,简·爱漫步在漆黑的世界里,周围的灯光一盏一盏地被吹熄,记忆一帧一帧地回放,父母双双去世,里德舅父长眠,尚在襁褓中的简·爱开始了她的一生。简·爱的童年伴随着侮辱、挨打、谩骂,她与里德家的人格格不入,里德夫人的厌恶,约翰的专横,里德姐妹的冷漠,悄然让小小的她懂得了人世的不公与痛苦。她被荒谬的语言污蔑,她被冠以仇恨者的恶名,她被流放到罗沃德学院,亲眼见证逆来顺受却圣洁的海伦陨落,人生是多么的苍凉啊! 十八岁的她决心追求平等与自由,简·爱踏上了社会,在与罗切斯特先生的爱情中坚守了尊严,虽然输在了外表,却赢得了人生。种种悲伤里,我仿佛看到了她在绝望中一次次微笑的脸庞。(小作者用细致的语言讲述着令人感动的故事。夹叙夹议,感情真实,发自肺腑。)

　　我想,正是因为她亲身经历了那些不公,才会如此追求平等的世界。在如今的社会中,人人平等早已成为了一种思想,深入骨髓;而在当时,劣势群体受苦受难,在唯名利和美貌独尊的世界里,简·爱作为一个女性,却能不放弃她的追求,积极进取,实属可贵。这使我受到了激励,人生在世,需要一份至死不渝的信念,时时提醒自己。在你迷惘时,也许只有你的坚持,会给你开辟一条值得走下去的道路。

简·爱也曾痛苦，被污蔑时的无力反驳，婚礼上的变故，被世界抛弃。但她明白，她还有她的尊严。在崭新的纸张上，我指尖停顿，在阅读简·爱的一生时，虽时有愤慨，时有同情，但更多的，却是反省。若我是她，我或许会就这样放弃坚持的一切，与简·爱截然相反，在绝望之中，以泪洗面。在如今，我也常常忘却自己所执着的，对自己的要求只是隔夜空话，永远都是镜中花水中月，看得见，摸不着，甚至有些时候，我会自甘堕落，我会迷失自我，总是缺乏一份镇定的坚持。

我合上书，书面上是一个少女的背影，她抛开了伞，昂首看着太阳初升时水光的激潋。她是简·爱，作为一个相貌平凡、饱受欺凌、艰难生活的人，也作为一个敢于追求、积极进取的坚强女性，她带给了每一个读者直抵内心的感动，同时带给了每一个到过这里的旅客意味悠远的启迪。我感叹，时光终于善待了她。（"读"和"感"紧密结合，故事叙述生动具体，感情表达真挚细腻。小作者边叙边议，能引起读者的共鸣。）

假使有一天，你在一条路上左顾右盼，却始终看不见一丝光亮，请你勿忘在绝望中微笑，你的笑，给你希望。

点评

这篇读后感从结构上说，条理清晰，详略得当，重点突出；从内容上看，有理有据，有感而发。文章深刻剖析了简·爱的人生经历，让我们看到了一个敢于追求、积极进取的坚强女性。文章语言简明扼要，精练有力，寥寥数语便能传递人物的神采。

毅力是成功的基石
——读《老人与海》有感

◆学校:嘉兴市塘汇实验学校　◆作者:李　荣　◆指导老师:谭秀梅

　　《老人与海》是海明威晚年最杰出的一部作品。今天,我又一次阅读了《老人与海》,受益匪浅,心中波澜起伏,久久不能平静。《老人与海》是一首伟大的英雄主义赞歌,每一次阅读都有不同的感受,每一次阅读都有新的收获。(在不同的年龄阅读同一本书,会有不同的感受。)

　　故事很简单:一名叫圣地亚哥的老渔夫在连续八十四天没有捕到鱼的情况下,在远离大陆的大海上遇到了一条巨大的马林鱼。经过三天三夜的耐心与毅力的较量,圣地亚哥终于杀死了那条巨大的马林鱼,可他在返航的途中,却遭到了鲨鱼的袭击,当他终于回到港口时,那条大马林鱼只剩下鱼头、鱼尾和一根光秃秃的脊椎。然而,就是这样一个简单的故事,唱出了一首不朽的英雄主义赞歌。老人失败了,但只是力气和肉体上的失败,老渔夫的信心和希望、顽强的意志、坚持不懈的精神,始终未曾破灭。人不是为了失败而生的,你尽可以消灭他,可就是打不败他。这正是我从海明威的《老人与海》中学到的"硬汉精神"。(老人一次次被命运戏弄,但老人从不信命,只相信自己,感悟深刻。)

　　在日常生活中,我们也许会因考试的失败而失落,对自己没有信心;也许会因为朋友的背弃而伤心,自暴自弃。但是,自从我读了《老人与海》后,想想老渔夫,再想想自己,就觉得自己遇到的不是问题,就觉得浑身依然充满了斗志和信心。人生谁没有失败过,最重要的是在失败过后重新勇敢地站起来,积极地去面对,去寻找失败的根本原因,并改正。"人生能有几回搏",我要全力以赴,以全新的面貌去挑战,坚信成功将不再遥远。

　　"人不是为失败而生的,一个人可以被毁灭,但不可以被打败。"当我们遇到困难而灰心丧气时,一定要坚持,"山重水复疑无路,柳暗花明又一村",我们要满怀信心地去迎接挑战。因为我相信成功永远属于我们自己!

老人圣地亚哥坚持不懈,用自己的"硬汉精神"与鲨鱼做斗争,同鲨鱼展开激烈拼搏。记得上一次跑八百米的时候,我跑得上气不接下气,几乎要喘不过气来了,我迈着沉重的步伐,脚好像灌了铅似的重得抬不起来,只能一步一步地慢慢地跑,好似一只蜗牛。我头昏脑涨,喉咙好像冒烟了似的,干干的,肚子也痛,困难排山倒海般袭来。我想过放弃,但是一想到《老人与海》中的老人,我便加快了速度,不可以被困难打倒,要坚持,坚持,再坚持,终点已经不远了,我的嘴角微微上扬,攒足了一口气,向前冲去……(我们要重新审视自己,或许再坚持一下,就能够到达成功的彼岸。)

也许成功常常与你擦肩而过,请你不要放弃,请你相信,只要你有信心,有克服困难的毅力,困难自然投降,成功的大门会为你打开。一个人并不是生来就要给打败的,你尽可以消灭他,可就是打不败他。就如音乐大师贝多芬所说:"我可以被摧毁,但我不能被征服。"

感谢海明威,感谢《老人与海》。

点 评

小作者在读完《老人与海》后,生发了颇深的感受。文章的一大亮点在于小作者能够结合书中故事情节展开阐述,并联系自己的经历谈感悟,使得文章有血有肉。小作者能够从老人一次次的失败中引发思考,告诉读者"我可以被摧毁,但我不能被征服",引人深思。

有时候我不确定自己是在墙的哪一边

——《钢琴师》读后感

◆学校:嘉兴南湖国际实验中学　◆作者:邹昊天　◆指导老师:许　波

蝉噪的夏季,空调无法排除心中的烦闷,唯有名著《钢琴师》,让我的心跳入汪洋大海。

与它第一次相遇是在电影赏析的选修课上。三个小时的名著改编电影《钢琴家》,花了整整四节课的时间才看完,却丝毫不觉得乏味。当时就有强烈的冲动,想全面了解第二次世界大战,了解犹太人。后来班里正好开展"二战"题材主题阅读,我接触了一系列的好书——《辛德勒的名单》《奥斯维辛的小图书管理员》《奥斯维辛骷髅俱乐部》《安妮日记》……它们为我打开了一扇了解历史的窗,但我心中一直有个期待,有机会一定要读读电影《钢琴家》的原著。(点出初识《钢琴师》的缘由,是因为看了改编电影引发了读原著的欲望。)

这个暑假,我有幸得到了这本书,一口气读完,心灵再次被深深地震撼。

这本书可以说是一本自传,是作者对自己"二战"经历的回忆。作者本人是一名犹太钢琴家,"二战"时他们一家颠沛流离,最终只剩作者一人在世间感受战争的残酷。

战争从古至今从未停息,世界并不太平,人性的恶在这本书中赤裸裸地暴露出来:纳粹党的草菅人命、战乱时人与人之间薄如蝉翼的信任、为了食物而做出的种种见不得人的勾当……其实这是人类的本性,为了生存,我们的祖先会不惜一切代价使自己存活下来,最终成为食物链最顶端的生物。而这组基因密码从此也就保留在了一代代人的体内。

"有时候我不确定自己是在墙的哪一边"这句话出自书中。(引用书中的话,点明主题,引人深思。)"二战"开始后,波兰钢琴师全家被赶进华沙的犹太区,一圈围墙将犹太人与其他民族的人隔开，也将他们与外面的世界隔开。然而隔开了残酷的世界，墙内就会像桃花源一样富足、快乐、祥和？记得以前看过一部电影——《分歧者》，讲述未来的人类制造了一个模拟生态圈，在里面做实验，想要缔造一个世外桃源，结果圈内依然充满暴力，尔虞我诈，纷争不断。再看几十万被隔离的犹太人，因圈内无法自给自足，一切物资只能从外界运输进来，于是物价飞涨；过于密集的人口导致许多人无家可归，没有工作来维持生计，抢劫时常发生，而抢劫的物品，常常只是一碗粥；贿赂警察的事随处可见，而警察欺凌犹太人在当时再正常不过……

一堵墙不仅隔开了犹太人与外界的联系，更隔开了人们的希望。墙内的世界如此黑暗，作者真的无法分辨，自己究竟是在墙的哪一边。

后来的事情大家都知道，德军开始大量转移犹太人，把他们送往集中营，开始了惨绝人寰的犹太种族灭绝。但当时的犹太人，像牲口一样一火车一火车地被驱赶着上了路，没人知道自己将去向何方。"在这条线路上，每天都有不断送走犹太人的火车，但从没有一列送食物和补给的。"这句话使我震惊：没有食物，没有补给，只有源源不断地送人……这无疑是在暗示着什么。不由得想起《奥斯维辛骷髅俱乐部》中的一段描写，大致内容就是，每天从犹太人尸体上回收的眼镜、首饰、手表等不计其数……

如此黑暗的社会，如此卑劣的人性，是什么让作者活了下来？是那道光！黑暗中，希望会变得如此耀眼；战争中，美好的人性格外璀璨。他之所以能够绝处逢生，熬过那段不堪回首的日子，原因就是有很多人曾帮助过他。最令我感动的便是那名德国军官。满街都是"犹太人与狗不得进入"的标识，而这名军官发现作者是犹太人后并没有立刻开枪将他击毙，或是百般羞辱，而是送给他水和食物，帮助他熬到俄国军队到来……令人惋惜的是，最终这名军官不知所终，作者也一直不知道他的名字，对他的感激只能永远埋藏在心中……（哪怕世界如此黑暗，却依然有人怀揣着一颗善良的心，帮助他人。）

看完这本书，我深深感慨：这个世界从来不太平，但我庆幸，我生活在一个安全的国度！

点评

这是一篇《钢琴师》的读后感，小作者简洁清晰地概括了故事情节，并能在引述的基础上明确地提出自己的观点,清楚地阐述自己的看法。文章语言流畅自然,思考理性深刻,是一篇不错的习作。

书海拾贝

我不可能送玫瑰给每一个人,那么,就让我用最诚挚的心、用微笑致意来代替我的玫瑰吧!我们在生命中的每一个相会也是偶然的擦肩而过,在我们相会的一弹指,我深信那就是生命最大、最美、最珍贵的奇迹!

——林清玄

棕色的天鹅

——读《告白芭蕾》有感

◆学校：嘉兴市实验初级中学　◆作者：徐克凡　◆指导老师：叶凤玲

灰色的记忆

　　两岁起，她就开始经历一种奇怪的生活模式：妈妈与一个男人生活一段时间后，就会因各种原因，离家，收拾行李，乱成一团，带着一大群孩子寄居到一个陌生男人家里。

　　第六次离开，一家人不得不住进拥挤简陋的汽车旅馆。

　　童年逃难般的经历，使她自卑内向，内心充满焦虑恐惧。

　　她总是很紧张，早上一睁眼就开始担心自己会迟到；她总是很自卑，觉得无论在哪里，自己都格格不入；她总是很害怕，怕让妈妈失望，让老师失望，让自己失望……开学前一定要走一遍去学校的路线，摸清每一间教室的位置，她无法接受上课铃响后，在众目睽睽下走进教室。（列举具体事例，突出"她"的性格特点。）

　　没有人能让她放松，没有什么能让她平静下来。

　　唉，我轻轻叹了口气：一只可怜的丑小鸭！

避风的港湾

　　十三岁时，她认识了芭蕾启蒙老师辛迪。别人在学前班的时候就开始学芭蕾了，而她十三岁了，还从来没见过芭蕾。

　　当她踏进男生女生俱乐部的舞蹈房时，辛迪帮她拉伸身体，摆出不同的姿势，辛迪将她的脚抬到耳朵边,活动她的脚掌,不论是怎样的动作,她都能做到。辛迪说她很完美,将来会在国王和王后面前跳舞。

在很短的时间里,她学会了原地旋转、大跳、阿拉贝斯克、立足尖,还在众人面前表演了一段独舞。芭蕾的动作行云流水,旋转中混合着力量和优雅,转呀转,感觉自己就像音乐盒中不停旋转的小人儿,她爱上了这种感觉,很有趣,很兴奋。在舞蹈中,所有旋转和扭动都由她自己做主,主动权紧紧地掌握在自己手中。她第一次产生这样的自信和快乐。丑小鸭也有春天,我心里默默为她高兴。

但,一个人总不会一直这样幸运。(独立成段的过渡句,引出主人公坎坷的经历。)

抚养权之争,把她放在妈妈和辛迪两个爱她的女人中间;抉择,这一个是亲情,那一个是舞蹈。她最后选择了辛迪,但内心被家人误会的痛,如入骨髓。

骨折、拉伤、痉挛……因为不停地跳舞,跳舞,新伤旧痛就像是家常便饭,时刻困扰着她疲惫的身体。

伤痛造成的心理上的病痛更加严重,担心今天站在舞台中心还是大明星,明天因为伤病退出而被淘汰、遗忘,这种恐惧和焦虑时刻煎熬着她的内心。

但是,只要音乐响起,在舞蹈中,这些都会像潮水一样退去,她又能自由地旋转,旋转……

在旧金山芭蕾舞团,在劳瑞森舞蹈中心,在纽约芭蕾舞剧院,她在塑胶地板上跳着,在明亮的镜子前跳着,在钢琴老师的现场伴奏下跳着……在梦想之路上,她把生命中所有的热情、活力和创造力都献给了芭蕾。

在做双起双落跳时,为了能更快地把一只脚推到另一只脚的下方,以便在接下来走单腿画圆圈时,立起的足尖能快速画圈,她在地上生生地磨出了一个字母D,而不是一个模模糊糊的圆弧。

每天做阿拉贝斯克和蹲七个小时。从中午一直排练到晚上七点,表演时练习到晚上十一点,全年无休。(通过对练习地点、具体动作、练习时间的描写,表现"她"的努力与刻苦,突出"她"对芭蕾的爱。)

太不容易了! 只有内心纯粹的喜爱,才会达到这样如痴如狂的地步。

都说舞者是一副"被祝福的身体,身体是她的乐器,是她演奏的方式,是她编织魔法的织布机:把身体扭曲到自然情况达不到的地方;让身体飞,在足尖上跳舞,像苦行僧一样旋转,把极致的美展现出来"。

对抗的阵地

进入美国芭蕾舞剧院后,面对如云的高手,她不惧怕,相信经过努力,可以让自己再度发光。但,有一点,却无法改变。

在跳《四小天鹅之舞》时,尽管她和同伴配合默契,四人层叠效果如镜面反射效应一般,但,同伴轻蔑地说:"你真的确定加入群舞?"

肤色!因为她不是白人的白皮肤,而是比其他舞者都深得多的棕色皮肤。种族歧视,多年来在美国社会根深蒂固地存在着。

在扮演《睡美人》中的"穿靴子的猫"时,化妆师站在一旁不停地用遮瑕粉试图把她的脸变白一些。

"我不懂,为什么所有的猫都必须是白色的?"

"我想做一只棕色的猫。"

她这么说了,也真这么做了。

对她来说,芭蕾成了阵地,她要去对抗那些种族歧视的声音。

站在大都会歌剧院的舞台上,她是独舞演员,即将在全球最受尊敬的古典芭蕾舞团中承担标志性芭蕾中的主要角色。

吊灯升起,乐团开始演奏,灯光亮起。她不再是她,在接下来的九十分钟里,她用舞姿表达《火鸟》的情节:关于咒语、神秘生物、爱情战胜邪恶的故事。她是火鸟,是能使公主从黑暗魔法中苏醒的神秘生物,是见证爱情的天使。她振翅飞舞,昂首阔步,充满野性和力量,别具一格。

她是首位在大型芭蕾舞团扮演火鸟的黑人女性。"她的火鸟对每一个曾经站在镜子前用脚尖旋转的棕皮肤女孩来说,都是一场胜利。"只要一站在舞台上,她就把每一次都当成最后一次,把台下的观众、评委都忘记,跳出自我,用真诚去感动别人。芭蕾,或许在一般人看来只是一种高雅的艺术,但是对她来说,芭蕾是一种内心的依靠,是为自己抗争的武器。她赢了,她成了美国芭蕾舞剧院成立七十五周年来的第一位非裔首席舞者。

她就是米斯蒂·科普兰。(前文均用第三人称"她"进行叙述,此处点明主人公的名字,让人印象深刻。)

她做到了他人眼中的不可能,做到了人生的不可能。她用舞姿告诉世界,每个人,不管富人、穷人、白人、黑人,都可以用天赋、汗水和智慧,展示最美的自己,捍卫可贵的尊严,超越极限,追求极致!

点 评

文章的结构简洁合理,小作者对原著的理解也十分深刻透彻。小作者把"读"与"感"紧密联系,语言虽然并不华丽,却极为准确生动,情感丰富而真实,让人读来津津有味。

书海拾贝

我不再装模作样地拥有很多朋友,而是回到了孤单之中,以真正的我开始了独自的生活。有时我也会因为寂寞而难以忍受空虚的折磨,但我宁愿以这样的方式来维护自己的自尊,也不愿以耻辱为代价去换取那种表面的朋友。

——余 华

似是故人来

——读《世说新语》有感

◆学校:嘉兴市第一中学　◆作者:柴灵静　◆指导老师:李静芸

在中国泱泱千年的历史长河中,我尤爱魏晋这瓢弱水。而《世说新语》,许是我在这瓢水中最清冽甘美的一啜。含于口中竟婉转了三年,如今终于有勇气为书中故人落笔,轻声向那群言则玄远冷隽、行则高简瑰奇的妙人儿道一声:别君久矣,近来安否?(以诗意之语,道追慕之情,发恳切之词,足见深情。)

三年前,我因对嵇康的追慕,翻开了《世说新语》。此后多少个静谧的时光罅隙里,我悠步于这处精神桃源,在草草逸笔里神交一帮古人。不论是峨峨如玉山的嵇中散,还是濯濯如春月柳的王恭,抑或是谡谡如松下劲风的李元礼,都令我惊叹。他们高玄的言谈、雅致的风仪、自由的身影,常令我梦回。我暗自庆幸有一批熟人于此间,虽非文墨同道,有些甚至只算渔樵野叟,却无一例外地浑身氤氲一股酒香,言谈举止中凝一缕江湖放达疏朗之气——千载之下,犹凛凛有生气,令我一后人永远可以借此从时代的喧嚣中脱身而出,偷渡到遥远的岁月,到那个被宗白华先生称为"精神史上极自由、极解放,最富于智慧、最浓于热情"的时代中去,于乱世的烟尘中仰看精神的飞鸿,且陶陶,乐尽天真。("酒香""放达疏朗之气"等语可见小作者对"故人"的了解颇深。后半句写现实的喧嚣,使文章更丰实。)

读古人之书,我最向往的境界便是神交古人。毕竟论逍遥、活法、个性,古人都略胜一筹。隐士陈继儒这样描述自己的神交:"买舟载书,作无名钓徒。每当草蓑月冷,铁笛风清,觉张志和、陆天随去人未远。"(以陈继儒为例,引出自己的感想,贴切巧妙。)张陆二位,与作者隔了约八百年。我虽然愚钝,但夜秉《世说新语》时,亦有故人自远处飘然而来之感。

"王戎云:'与嵇康居二十年,未尝见其喜愠之色。'"我便恍见中散大夫抱琴于竹林独奏,喜怒不形于色,踽踽独行于乱世的孤鸿之影,心肠为之九转,甚至有一瞬,竟仿佛触摸到那一份大放诞和大寂寥。"桓公北征……见前为琅邪时种柳,皆已十围,慨然曰:'木犹如此,人何以堪!'攀枝执条,泫然流泪。"眼前便浮现出这个铁血将军抗清议、三北伐的驰骋之姿,又看见这个政坛老臣行废立、谋篡位的徘徊之影。这双重身份的背后,竟有一颗赤子之心,犹可对树而泣,这等可爱与多面,常让我咀嚼多时。还有个号为"三绝"的妙人顾恺之,吃甘蔗从尾部吃起,说此乃"渐至佳境"。长康,卿之觉悟,倒与千载后的金圣叹遥遥相和!而风仪最令古今文人艳羡的,怕是那位高卧东山、屡违朝旨却官拜卿相、和王导一同助帝撑起半壁江山的谢公吧!"安石不肯出,将如苍生何?"这是简文帝的笑语。那一夜我见谢安飘然而来,也忍不住眉眼弯弯地问了一句:"今苍生亦将如卿何?"安石自是一笑,我才恍觉王谢之燕已入寻常百姓家,乌衣风流早已不复,而谢公,也是只属于那个时代的惊艳一笔……

　　我生性倒是有些痴意,读至醅处,念及斯人不可寻,竟也曾泪流。入梦了,便得见斯人,斯人亦得见我,互道一声别来无恙,便挑帘入座,把盏而歌。(此句与题目"似是故人来"暗合,让人感受到"神交"之美。)不管是庄周梦蝶还是蝶梦庄周,我永远敬慕这群乱世的美神,他们性灵的某一处与我遥遥相应,在我青葱的岁月里,他们的陪伴带给我恬静、超脱、内在的极富有。人最害怕的是孤独,尤其是精神上的冷寂,人人皆然。而我,许是千载以来,被他们感动和为之惊喜的万千寂寞之士中的一员吧!

　　故人是难遇的,知音是难求的。我常常思及陈寅恪大师,托十载光阴,毕暮年心血,著皇皇八十万言《柳如是别传》。也许,灵魂上形影相吊,慰先生枯寂者,唯有这个三百年前的秦淮女子。其神交之深,令我慨然而叹。现代的生活圈里,强人辈出而君子稀遇,即使是我身处的象牙塔内,友情也难免有瑕疵,保养和维系所费的精力,有时令我低叹。与古人神交却不同,古人不拒、古人永驻,凡流芳后世者皆有高格,无须预约,他便候在那一处,君子之交若水,情利纠葛皆无,天高云淡,月明风清,不亦快哉!

　　某日,做了一个梦。梦里一人问:"卿卿于古代可有熟人?"梦中的我眉目飞扬:"自是不少!与之相处若蒸桑拿,舒坦!"那人低头一笑,又问:"那卿卿于当代可有熟人?"我神情一呆,揣测其意,方道:"神交者甚少,几近于无。""为何?"我支支吾吾,答不上来。如今,我几经思索,终于有一番回答——君请看,论数量,古有千年,人物库存不可胜数;论质量,那时节云烟含幽,万象稳健,这般天地滋养出来的人物,趣味品性多拔今朝一筹;论款式,也是千姿百态,蔚为大观。而当今则不然,风驰电掣的社会激情而凌乱,大自然最是受苦,我日日奔走于钢铁丛林之间,难免觉得几分憋屈。一开口,便尴尬地发觉几乎口头禅、价值观、注意力皆是该时代的流行货色和标准配置,大同小异,皆是信息统一美容之结果。这倒是可以类比当代所谓"颜值",高科技下,美女帅哥的颜值愈发高了,可是几乎都是没有辨识度的"网红脸"。只求物理性感,不求灵魂性感,就此方面而言,今人还真得承认不及古人呢!（借梦发语,古意盎然。从不同方面谈古代人物的超拔脱俗之处,委婉又风趣地批评当代"千人一面"之状。）

又想起陈继儒的"去人未远",是啊,念及深邃,思至幽僻,古今即团圆。思及故人将至,便是山一程、水一程,再远的路途也在一念之间。人之外,还有人,世之外,还有世。我不止一次祈祷自己的心灵和思绪能够常常出局、走神、远走高飞,离开当代的地盘上的大队人马而去独自跋涉。《世说新语》里的张季鹰言"人生贵适意耳",便回到故乡去寻那思之念之的莼羹鲈脍了。而阮孚则常吹火蜡屐,叹:"未知一生当着几量屐?"人生短短数十年光阴,还是别活得太拘谨,一定要"适意",去时代以外的地平线旅行,让心灵游弋千古。

探古而觉今亏,藏古方觉身富。我将永远珍藏这个古意葱茏的精神桃源,用赤忱的眼睛观望这个世界。毕竟,生活离不开乌托邦。我仿佛看见,在某个月明星稀的夜晚,我再度翻开《世说新语》,笑看翩然而来的故人,轻声道:思君久矣,别来无恙?（以问句收束全文,给人无限遐思。内容与开篇相呼应,语言富有诗意。）

点评

小作者对《世说新语》的解读,在诗意、细腻的文字下化为一缕幽香,袅袅而起,挥之不散。小作者对此书的理解及对阅读古籍的感悟值得学习,对当代浮躁的社会风气的批判更值得推崇。文字暗藏锋芒,体现勇气与担当。

行云何处去
——读《柳永词》有感

◆学校:嘉善高级中学　◆作者:沈思源　◆指导老师:陈华其

借奏疏桐,轻云浓淡,荒亭台西风瘦。裂瓦枯苔,似耆卿知旧。命三尺,墨笔流虹泻玉千丈,浪客才名先厚。奉旨填词,若白衣无绣。

不青云、醉倒惊鸿蔻,难青云、放浪烟花柳。赢了市井红尘,妄金门魁首。雨霖铃、只做风流偶,罗衫皱、酒醒虚年凑。也落泪、独坐璃楼,有残弦半走。

——《拜星月慢·借奏疏桐》记耆卿

他曾是官家公子,富贵放浪;他曾是少年才子,恣肆江淮;他曾是春闱仕子,踌躇满志;他曾是落第学子,自嘲失意;他曾是天涯游子,知交零落;他曾是余杭名宦,为政有声……再后来他成了工部屯田员外郎,后世称其柳屯田,其于古稀之年长眠润州。(一连串的排比,写尽了柳永的一生,精彩!)

他是柳永,历史上的柳永。

可无论后来怎样,他更是那个在我心里永远身着一袭白衣,一手撑着一把油纸伞,一手提着一壶热酒的清俊青年。(有画面感。)他站在烟花巷陌,耳畔传来他的新词,他也随着歌台上秋娘的弹唱轻轻地哼唱,唱过了两三遍,弦断了,他抬头最后望了一眼远处春闱试场边的鼓楼,然后低头自嘲般地笑了笑……换了弦的琵琶又续续地弹起,他随即又松了松眉换上了一贯的风流笑,踏着满地雪白的花瓣走进一间花楼,两边的花娘接过他手中的油纸伞,柔软地攀着他的手臂,拥着他走了进去,他也配合着调笑,语调轻快,似乎不曾苦涩,似乎不曾攒眉千度,似乎什么都无所谓……我却只能看到他萧索孤独的背影走进热闹喧嚣的风月场。恰逢风起，白衣吹拂，衣袂都被摆动了，我红着眼奋力伸手去留他，却连他的衣角都捉不到，他没有回头，我只瞧见有一树梨花开在他背后，烈烈如焚。（描写得很精致，有表现力。）

鼻尖酸楚，眼角泛红。

他在那个画面里的容颜不老，即便心口疮痍，眼眸深深，却仍是一番风流倜傥好做派，我仍好骗骗自己，那时的他，兴许、兴许不曾潦倒。（运用口语，好！）

可又是谁为他取了个字，一个我爱惨了，又无奈极了的字？

柳永，字耆卿。总有些未老先衰之感，却也好听。

我慕耆卿。耆卿其人，恰似行云。

偶有依，偶无靠；时有雷霆，时遇晴空。半生风流，曾见流莺绕玉树，也逢江南花知晓；半生孤寂，曾眠潇湘明月下，也游姑苏晚天榭。（多用整句，好！）

我喜欢耆卿，尤其是他的长调。

耆卿的长调才是长调，一些柳永填过的长调词牌都再没有第二首出世，别人填不出，也比不起，更无法胜过。

在柳词之前，鲜有人填长调，偶有敦煌曲子词类民间词谱中能窥见一两首。故古今长调的名作，不足词的千分之一。而那千分之一中最厉害的，当属耆卿之作，论写词技巧、功底，千古以来，无人能出其右。（运用比较的手法，突出了柳永的才气。）

于我而言，耆卿，当为北宋第一词人。于时间而言，他亦当得起这个名头。在词的国度中，他簪缨问鼎，冠绝当世。尽管《宋史》上没有柳永。

但那又如何呢？当年的文人记得他，百姓记得他，甚至连那有人在边上歌过柳词的古井台也会回荡出他的才情。

哪怕残阳照枯水，井台裂。哪怕一场西风昼短长，斯人逝。哪怕如今满城青青廊边雨，不当初。哪怕亭下瑟瑟摇曳春，景不再。哪怕曲失谱残，秋娘不再歌唱柳词，我们仍然诵读着你的辞藻。（五个"哪怕"排比，语气强烈。）

当年你的词只在坊间廊边被人吟唱，被高台上之人批为"属辞浮靡"。而如今，千万读书人虔诚地诵读你的曲词，含英咀华。（对比。）

人们都仰慕你的洒脱，说："人生若能一路欢歌，倒也不枉桐花万里。"

他们不懂你的悲哀。

不知我者，谓我猖狂。知我者少，谓我骄傲。

他们只可惜你并非生在如今。因为如今，风流与才华并存者都能倾倒世界。

但倘若你不生在当年，又怎会有传世的"偶失龙头望"，怎会有才子词人，白衣卿相？红尘虚张，庸人逐浪，《鹤冲天》灰暗了你的仕途，成了你的青云困足牢，却也让你的故事变得不落俗套。

繁华过才知萧索，正是你的经历，才让你的笔足够惊艳。

王小波说过："一个人只拥有此生此世是不够的，他还应该拥有诗意的世界。"

柳永一生的经历是失意的，亦是诗意的。（谐音，妙！）他有不尽如人意的此生此世，但他有整个诗意的世界，在他的笔下，万物有情，皆可成诗。

他善音律，所以他的词也最易被人口口相传，以至凡有井水处，必有柳词。他的词不必被束之高阁，在当时便有万千追随者，他的词也不像现在的流行音乐一样风光几年后便是无限落寞，他的词古往今来，都受到最广大群体的喜爱。（三个"他的词"，排比得好！）

一见钟情都付与荡荡潇湘，万种风情都葬与排排浊浪。（又一个对偶。）

有人说多情之人，便是薄情之人，因为情只一份，多了，便是分为缕缕残丝，薄于云水，而我认为耆卿不同。耆卿的情是天赋，他正是对谁都有真心，才能写出有情的句子，正因为他对谁都深情过，所以给谁的词里都有血有肉有情，才会有"系我一生心，负你千行泪"这样的深深切切。

耆卿的确最是多情也最是深情。其词亦是多情之词，竭力直白当如《鹤冲天》，离愁不舍当如《雨霖铃》，伤情相思当如《女冠子》，归思凝愁当如有长调冠冕之称的《八声甘州》。而我最喜欢的柳词却并非四者其一。

我最喜欢的，是《望海潮》中的一句："三秋桂子，十里荷花。"每每读到都心头一颤，似千灯乍暖。

这是他十九岁时于江淮观海潮所作，此时还未至弱冠，还算是无忧无虑，那是我心中最纯粹的他。欣赏，便是单纯的欣赏，而后来的词，便是写得再欢愉，都隐隐藏着苦涩，能煮沸江雪，却焐不热人心，词里藏了太多苦。（写得好形象。）

在那个年代入仕做官才是正途，他再狂放，也逃不过时代的桎梏去追求功名利禄与封妻荫子，自小生于官宦家，功名与追求早就成了刻在骨子里的执念，这也是为什么在几次落榜后，他仍然成了后世人所说的柳屯田，他的晚岁也虚掷在凉薄的仕途之中——只因那高阁庙台施舍般地给了他一个功名。他不是那种为了骨气率性扔下官印的人，那个时代也少有这般人。

他是矛盾的：既沉溺自由放浪，看不起仕宦，又有传统儒家"达则兼济天下"的理想；既想归渔隐樵，又干权谒贵。正因为这些矛盾点，他才与别人不同，他是柳永,他到底比东坡多了分恣肆,比少游多了分洒脱。

柳永和王勃很像,我开头填的词有一句也化用了其《滕王阁序》中的"三尺微命,一介书生"。然而王勃和柳永不同的是,他幸运得多,他可以扬鞭策马过长安,在最风流的年纪演绎着最风流的故事。他英年早逝,还没到领悟官场险恶的年纪,也不用在乎天家的喜怒,从来平生未低头,他活在雷霆怒雨还未降临的时候,他可以顺他自己的本性,他可以活他自己的模样。

而柳永却不可以。他是个骄傲的人,他大笑"奉旨填词"只是为了掩饰心中的失落,他自封"白衣卿相"只是为了遮盖眸中的苦涩,折白梅一枝,也好作名剑把玩,他终究只是一袭白衣。(通过和苏轼、秦观、王勃比较来写柳永,笔力实。)

有人说柳永:"这白衣,是平凡,也习惯。"他终究是一个平凡人。他不能像魏晋竹林七贤一样,隐居山林,从此山高水长。他只能舍弃掉自己年少时的骨气与尊严,捡拾从金銮殿施舍的功名,匍匐在朝堂苟延残喘却不敢回头,不敢回头,他怕回头看到当初狂放恣肆的自己,他忍不住会流下眼泪。他是离开了生活的潦倒,却被困在精神的潦倒中,连折花都嫌烫骨。

他坚持到最后也只是想向那高阁上的人证明,自己不是一个只会他们口中淫词艳赋的文人,他想证明,证明那些看不起他、针对他的人是错误的。

可笑的是,历史仿佛专门为了打他脸,他为之燃烧了后半生的官场一次又一次让他失望,以至于当时的官宦正统文人将他视为笑柄,衣冠狐鼠将其视为异类。即便如此,他们却也不得不拐弯抹角地肯定他的才华,让我在心酸中多了一分骄傲。

曾经的他,因为一身傲骨,所以所向披靡,但后来他的棱角被渐渐磨平了。他输在了当年,即使后世有着无数人仰慕他的风采,喜欢他的词,正史上却没有他的只言片语。他活着的时候,并不快乐,只有在早年的醉生梦死中才能遗忘他所背负的。

他在当年算是失败了,合眼的那一刻都没有看到应有的光明。

令人庆幸的是历史记住了他。

"吊柳七"又称"上风流冢",读到这话,我笑得越发苦涩,朝堂之人说你的词下流不堪,那你偏生来个上风流,上等风流,耆卿啊耆卿,骄傲如你,倔强如你。

我只读了一遍《柳永词》,我不愿读第二遍,我不想见证他的脊背一点点地被压弯在朝堂,我只愿他仍是我心中那个提酒带笑的年轻人。

"曾有一滴水,炙腾如大海。"

曾有一个人,闪耀如星辰。

不必说他哪里错了,因为谁也没有资格评判他的一生。

"谁懂他的潦倒。谁又知他的骄傲。"(结尾有力。)

点 评

　　小作者写得洋洋洒洒,而笔力着实,一点不虚空,能抓住柳永的几个人生阶段及情感特色。文章多用比较,可以看出小作者的视野十分开阔。语言多用整句,突显了汉语的长处,精彩的句子层出不穷。如果语言再简洁一些就更好了。

拯救残存的荒野

——读《沙乡年鉴》有感

◆ 学校:桐乡市茅盾中学　◆ 作者:沈　奕　◆ 指导老师:劳学芬

居住在城市中的你我可曾关注,我们周围有什么植物,什么动物,它们什么时候生根、发芽、开花、结果,它们什么时候成长、搬家、嬉戏……(开篇亲切自然。)

而在《沙乡年鉴》中,作者奥尔多·利奥波德为我们展现出了这些熟悉而又陌生的景象:死树皮中的蝉卵、橡木年轮的历史、大雁迁徙的长鸣……作者详尽地描述了自己在沙乡等地的所见所闻。

作者的笔尖微动,赋予了大自然灵性,即使是贫瘠的沙乡也似乎有了非凡的魅力。每幅景,每种物,都好似人一般,都在慢慢叙述着自己的故事。森林的浪漫、四季的宁静、动物的可爱跃然纸上,令人难忘。利奥波德笔下的自然处处存在着惊喜和美妙,如水墨画一般柔美,他用自己的心灵低吟浅唱着大自然风光,让每个人都陶醉在他诗一般的文字里,好像自己也是泥土的一部分,也是树木的一部分。他将人与自然联系起来,寻找着其中的平衡与和谐,试图重新唤起人们对大自然应保有的爱与尊重……他为土地着迷,为这里的自然痴迷。(小作者读出了作家的深情,我们也读得出小作者对作品的喜爱之情。)

生活中,人们常会误认为:荒野就是毫无生机之地,就是待开发之所,却不曾想起人类与大自然的动植物同伴们在荒野中度过了一段漫长的岁月。当人类为了追求一种所谓更高层次的"生活"而涌向城市时,荒野因人的离去而渐渐荒废,但人类又因他们的奢靡无度而卷土重来时,这个曾经生机勃勃的地方,便再次迅速沦陷。作为一种资源,一轮又一轮。

当荒野的资源都"荡然无遗矣"时,人类的一切就会消失殆尽,只能在城市的阴霾中和惶惶的人心下等待着世界末日的来临。(层层挖掘,发人深省。)

于是，《沙乡年鉴》带着一种不屈的声音，来对抗我们自私的灵魂，更给了我们一次史无前例的思考。

我们常问：人生意义何在？价值何在？在天地之中，人类处于什么位置？但我想问，天地在我们心中是什么地位？我们一直所追求的"天人合一"，其实应是"天地人合一"。顺着这样一个思路来思考，或许我们能在城市中这些单调灰暗的建筑物间找到一种慰藉，思考过去，现在，未来。

读这样一本书，可能会让人感到有点压抑、沉闷，因为我们的环境资源已经所余不多。但也许正是在这个时候，你才更容易理解土地伦理的重要性，才会明白荒野于我们是重要之所在。人类戴着虚假的面具，高声宣扬着所谓的科学探索，却旨在向大地索取更多资源。可要知道，在"土地共同体"的生态概念中，我们与大自然的"毛羽鳞鬣"都是土地的孩子，谁也不比谁高贵，我们必须匍匐在这自然界所共有的土地上，一步步地去完成自己的使命。（结合现实，体现担当意识。）

这一切思考仿佛离我们的生活是那样的遥远，但是，这本书再次提醒我们，正是缺乏这种心灵的思考而依赖于眼睛，才导致了我们在日常生活中遇到的一系列问题：严重的交通堵塞，奇臭不堪的景区垃圾，车前躺下的老人，无营养的综艺节目，空无人居的豪宅大院……

此时，郑重地打开书本，从一月的"冰雪消融"，静静地读到"雪地上的松树"，读到荒野，读到人生……在这里，看着死树皮中的蝉卵，阅读橡木年轮的历史，聆听大雁迁徙的长鸣……（结合作品中的词句构建自己的语言。）

让沉睡的心灵在大自然中醒来，观看空中舞蹈，像山那样思考。要知道，目睹天鹅的机会远远要比看电视重要，看到白头翁花绽放是我们的权利，就和言论自由是我们的权利一样。

点评

繁华三千，最终都将尘埃落定。光阴弹指而过，当年不经意的浪费给人类酿下苦果。小作者从《沙乡年鉴》中读出了人类破坏生态之严重，更读出了保护自然的迫切性。小作者娓娓道来，但直指读者内心，令人反思，促人警醒。

过去折射未来

——读《悲惨世界》有感

◆学校:嘉兴市第一中学 ◆作者:尹锐哲 ◆指导老师:朱瑜冬

阳光,土地,新鲜的空气,我们时刻能拥有,似乎美好的时代已经到来。文明发展的浪潮将污浊、痛苦洗去,将苦难的火焰扑灭,但《悲惨世界》的三个核心问题如死灰一样依旧可能复燃。

这三个问题就是:男人因贫穷而道德败坏,女人因饥饿而生活堕落,儿童因黑暗而身体孱弱。(直接展示观点,全篇文章围绕三个问题展开论述。)

《悲惨世界》的三个人物的经历很好地阐释了这三个问题。冉·阿让的前半生,芳汀的悲惨的一生,以及珂赛特悲惨的童年。这些问题的根源不在于个人,而在于社会。(总体概括。)

冉·阿让是社会底层的劳动者,因饥饿去偷面包而入狱。由于自己的再三逃跑,前后被判了十九年的刑。是谁造成他这般处境?是社会的法律。冉·阿让确实犯罪了,但是因为偷一块面包而被判这么重的刑罚是否太严酷,大多数人只关注那些卑微百姓的偷窃行为,去谴责他们,去判他们的罪。但这些人忘了正是社会保障的缺失才使底层百姓生存维艰。"窃钩者诛,窃国者侯"讲的就是这样的现象,这些现象在古代的中国存在,在十九世纪的法国存在,而现在不是依旧存在吗?小贩因城管而生活艰难,而那些大企业因环保问题被罚上亿元却依旧逍遥。执法者公正地执行了法律,但似乎社会依旧存在问题,问题在于制度与人性的冲突。制度是死的,人是活的,制度符合人性才有意义。(宕开笔墨,目光投向古今中外,增加议论的丰富性、全面性。)

沙威是一个一丝不苟的警官。他一直追捕冉·阿让,从土伦堡到蒙特伊,从蒙特伊到巴黎。有罪必诛是他的信条,他代表了社会的公正。公正是相对于同一的标准——法律——而言的,但是公正并非正义。公正是铁面无私,公正是法律文书上的白纸黑字。而正义具有人文关怀,它是怜悯,是人性的光辉。(对制度与人性的冲突这一问题进行补充,引发对公正与正义的进一步探讨。)

有的人成了苦役犯,那么他一生都将受到排挤,被旁人另眼相看。而大部分的苦役犯因为这样,重新干起了以前的勾当,并且仇视他人,仇视社会。而更加糟糕的是,法律的制定者以为把犯人关进苦役场就能解决问题,可实际上这种问题当时没有解决,现在依旧没有完全解决。现代社会中,从监狱走出来的人受人歧视,这样的人无法找到正常的工作,只因为有犯罪前科。(指出监狱制度的危害性及其悲剧性。)

有博施于民而能济众者,米里哀主教是也。对生活绝望的冉·阿让因主教的善行而被感化,小说以浪漫主义的写法让其隐姓埋名并成为黑玻璃厂主及市长。不要认为冉·阿让的苦难到此为止,命运离奇多磨难是他一生的写照。

苦难的问题总是出在底层,像冉·阿让一类的人在社会的底层,他们被社会碾轧,堕入深渊。(理性的总结与过渡。)

与冉·阿让有密切关系的人是芳汀,她的堕落是因为生活。如果说冉·阿让主要是被上层阶级所压迫,那么芳汀则是被同层阶级压迫的代表。她未婚先孕,把女儿珂赛特寄养在黑心的德纳第家里,这是她堕落的直接原因。后来,她因被人揭发有私生女而失去工作,这是压倒她的根本原因。最后,她失去了头发牙齿及肉体,成了社会的奴隶。在她一步一步走向灭亡的途中,社会的冷漠使她很少获得帮助,几乎所有的人都把她往地狱里推。(揭示出芳汀的悲剧性是由于冷漠的社会环境。)

芳汀因生活而堕落,反观现在,物质生活改善了,可是仍然有人堕落。堕落的人总有一个特点,他们的眼睛是灰暗的。总是以悲观的心态看世界,戴着这样的有色眼镜看世界,那么天空都是灰的。在他们眼里没有什么阳光,没有什么新鲜的空气,他们失去了精神,精神是一个人能区别于他人的特质,是能令他人震撼的东西。堕落的人看上去毫无生气,他们用酒或性或毒品来麻痹自己,妄图与世界切断联系。倘若这些人能充实自己,这样的事情就会少许多。

如果说男人与女人在社会压迫下尚且还有一丝反抗的机会的话,那么贫困的儿童则是毫无希望。儿童的生活就像两间屋子,第一间是黑的,第二间则是昏暗无光的。幼小的珂赛特被当成狗,成了德纳第夫妇的骗钱道具,并最终害死芳汀。儿童长大了就成为男人或女人,他们又要走之前苦难的老路。这条路何时才能走到尽头,这条黑暗的路从过去走到现在,路上有非洲骨瘦如柴的儿童,路上有叙利亚溺死的难民儿童。儿童的苦难并不遥远,或许在某个地方,还有许多的儿童无法受到教育,这在今天就是苦难。(从儿童角度点明现代人的苦难是思想与精神上的。对儿童苦难的思考,使文章更具有现实意义。)

现在的苦难已经不仅仅是物质生活上的苦难,而是人们精神缺失的苦难。缺少教育的人就像无人引导的小船,要么迷失方向,漂泊海上,要么触礁遇险。精神上的问题值得我们关注,教育只是最基本的,更要关注的是人的精神。

《悲惨世界》虽是一百五十年前的书,但在这一百五十年间,不断有人去解读它,丰富了它的内涵。它如一面镜子,照亮社会人生。

点 评

本文是对《悲惨世界》的解读,小作者用粗犷而又强硬的笔触写出了当代社会仍然存在的问题,并指出这样的书对于当代社会的意义,体现了一定的担当意识。苦难是人类社会宏大而又深沉的主题。在生活美好的今天,居安思危、砥砺前行是社会进步的途径。

时间深长，生命不息

——读《时生》有感

◆学校：嘉兴市第一中学　◆作者：张睿仪　◆指导老师：朱仿泉

生活总是忙忙碌碌，而对于光是生活着就很不容易的人们而言，又哪里有更多的时间去拾起被遗忘的情感，感悟生活、思考人生呢？

可是，翻一本书的时间还是有的呀。

那么，看一下《时生》吧。（劝说式的对话语言，从生活出发，过渡自然，引导到叙述的内容。）

一

"真想问问孩子，到世上走一回是什么感觉？他感到幸福吗？他恨不恨我们将他带到人间？"

当医生如同镰刀落下般的判决在父母耳畔响起，他们坐在成为植物人的儿子身旁，如此感慨。心如刀割，不过如此。

两人早就知道自己的孩子会遗传家族疾病——格雷戈里综合征，却依旧将他带到了这个世界上。是恨？是憎恶？一个早已知道的结局，对于孩子，十七年的人生，意味着什么？

我如饥似渴地阅读下去，认识了时生这个命运跌宕的男孩。时生，时间深长，生命不息，这便是他的名字：寄托了父母的希望与请求，只是希望他能活得更久一些。

一个几近完美的孩子，或许是天妒英才。

"其实，二十年前，我和时生早已相识……"

那个父亲的一番话，开启了故事的篇章。(倒叙的写法，悲惨的结局引人唏嘘，并引发有关生命意义的思考。)

二

回顾全书，这或许称得上是一部科幻小说。(补充说明。)

故事开篇便早已抛出了结局，却丝毫不减少我阅读的兴趣。当所有的伏笔和线索连成一线，不由得感叹作者惊人的创作力：时生的意识，回到了二十三岁的父亲身旁。他帮助父亲摆脱穷苦，他促成了父母亲的相遇，他拯救了本应在爆炸事故中丧生的许许多多人——十七年的人生，不仅仅是十七年的人生。

"能与你在一起，我就感到很幸福。在这个世界相遇之前，我就这么想。与现在的你相遇之前，我就非常幸福了。我觉得能生到这个世界上真好。"

他改变了父亲，改变了千千万万——虽然有些历史无法改变。而他到最后，与二十三岁的父亲作别，如此庆幸自己能降生到这个世界上；与此相对，他的父母，一定庆幸能有一个这样的孩子。(走进文本，谈及现实，由此及彼，增加感悟的深度与广度，用平常、质朴的语言表明小作者的态度。)

我试图幻想，在未来，我是否能充满自信地向自己的孩子提问："作为我们的孩子，你觉得高兴吗？"而孩子是否会回以"我非常庆幸有你们这样的父母"呢？答案是个谜。但对于现在的父母——我的父母，我一定会回答："感谢你们把我带到这个世界上。"

父母经常会在我面前说，别人家的孩子如何优秀，可他们内心里，一定会为自己的孩子而喝彩，为自己的孩子而骄傲。所以当他们在我面前做比较的时候，我总会微笑着说："可我从未觉得别人家的父母比你们好，你们便是最优秀的父母。"(虽不是名人名言，但别有一番亲切感。)

与父母相遇，与朋友相遇，与数不胜数的知识相遇，与成千上万的风景相遇——我觉得能降生到这个世界上，真好。(水到渠成，开始抒情。行文自然。)

三

太多太多的元素在我耳边回响。不仅仅是父母与孩子的羁绊，更多的是从死亡中看到未来，从明天看到昨天……

"人不论在什么时候都会感受到未来。无论是怎样短暂的一个瞬间,只要有活着的感觉,就有未来。我告诉你,未来不仅仅是明天。未来在人心中。只要心中有未来,人就能幸福起来。"

在被考试周压得喘不过气、两眼昏黑的时候,这句话犹如灯塔般照亮了我的心房——那真是太温暖了。("考试周"的压力可能对于学生来说是真切而巨大的,因此读来虽显夸张,但也内心为之一动。每个人都有自己"两眼昏黑的时候",但是不是都能有幸看到"灯塔"呢?)

我们无法像书中那样穿越时空,改变历史,却应该相信,未来不仅仅是明天,未来在人的心中。即便面对死亡,也能看到充满希望的明天。

疾病缠身,因为别无选择,不如乐观面对生活;明天到来,因为别无选择,不如笑着迎接未来。我们无法改变过去,却可以改变未来。

一切的一切,最好的概括,便是"时生"二字。(在此处宜对"时生"的内涵加以精简的呈现。)

天空下着细雨,我望向布满阴云的天空,淡然微笑。因为雨天已经到来,所以不如庆幸它带走了空气中的污垢,不如庆幸雨后的青草芳香。再者,不如期盼明天的阳光明媚,又何必为此而伤感?(虽不是荡气回肠地抒发情感,但那娓娓道来的温润文字充满了感染力,更易让人感动。)

时间深长,生命不息。时钟嘀嗒地走着,该踏上新的旅程了。

点评

小作者对《时生》的感悟明确清晰,文章思想层层递进。小作者以小见大,平中见奇,对生命、人生等深刻主题有个性化的理解,对生命的敬畏与对人生的美好希望从笔端自然流出。

走更多的路

——读《撒哈拉的故事》有感

◆学校:海宁市紫微高级中学　◆作者:竺梅洁　◆指导老师:王丽琴

阅读是静态的旅行,旅行是动态的阅读。(题记有文采,开头即吸引读者。)

——题记

读了这本书,我开始对三毛产生一些独特的感情,也许是羡慕她可以活得如此洒脱不羁,喜欢她对待生活的态度。她一直寻求自然与单纯的生活,从中国台湾到西班牙,从德国到美国,从撒哈拉到台湾,她的一生似乎是一个传奇。

因为读书,三毛爱上了旅行。因为一本地理杂志上的一张撒哈拉沙漠的照片,三毛感应到前世的乡愁,决心搬去沙漠居住,而这也恰恰是我钦佩她的地方——她的勇气。勇气让她能够毅然放弃繁华大都市台北,去往撒哈拉,但幸运的是她有那个爱她的人的陪伴。这本书主要讲述了三毛与其丈夫荷西在沙漠中的所见所闻以及与当地朋友相识的过程。沙漠中有很多新奇的东西:千疮百孔的大帐篷、铁皮做的小屋、单峰骆驼、成群的山羊。在沙漠里的生活充满了乐趣:荷西把粉丝当作"雨"来吃、简单而幸福的婚礼、为了维持生计去海边打鱼、建造他们在沙漠上最美丽的房子。(概述书的内容,为抒发感想张本。)

三毛的书有一种感染力,至少对我来说是这样的。刚开始读这本书的时候,我觉得人烟稀少而又条件艰苦的沙漠定当是无趣至极的。然而慢慢地品味下去,发现并非如此,觉得不讨喜的撒哈拉也有一种别样的风情。品读文字的过程,是我情感认知逐渐深化的过程,就如了解了沙漠里的妇女不去医院看病,仅仅是因为医生是男性;就如明白了沙漠婚礼虽然奢侈,但对女孩来说又是残忍的。在《悬壶济世》中，一个孕妇因三毛在沙漠中救治了许多人而对三毛十分信任，想求助三毛助产，但在三毛的再三劝说下，她仍没有同意去医院。直到生产那天，在荷西的帮助下，产妇在被送到医院后顺利生产。在《娃娃新娘》中，一个年仅十岁的女孩将面临结婚，这多么不可思议啊！最令人惊讶的是婚礼的习俗，这简直是对女孩的侮辱，而男子却引以为豪。在《爱的寻求》中，一个渴望得到爱、亲情、家、温暖的男人——沙仑，在遇到一个能够给他爱却满口谎言的女人之后，逐步沉沦。

于三毛而言，旅行和读书是她生命中的两颗一级星，快乐与疼痛夹杂其中。最快乐的是与荷西在旅行中经历的种种，遇到不同的人，看到不同的风景。最疼痛的是荷西因一次潜水意外丧生，为此三毛差点放弃生命。但旅行让她重拾勇气。这本书中有一段话："每想你一次，天上飘落一粒沙，从此形成了撒哈拉。每想你一次，天上就掉下一滴水，于是形成了太平洋。"满满都是三毛对荷西的想念，也许最初不爱，但在一天天的相处中或许已爱入骨髓。"世上本没有完美的事，再奇的女子，也要在人间烟火中寻找情感的寄托。三毛选择了荷西，选择了她最能伸手触摸的幸福。这是三毛作为一个女人最快乐的一段时光，在她内心的深处，和荷西的爱恋，甚至愿意用童话般的思维去净化和升华。"

都说"世界那么大，我想去看看"，这本书，让我明白了，想要看更大的世界就要走更多的路，读更多的书。目前，走更多的路也许还没有能力没有时间没有机会，但我会记住读这本书的热情，并用这样的热情读更多的书，体验静态的旅行。（呼应题记，点明主旨。）

"生命的过程，无论是阳春白雪，青菜豆腐，我都得尝尝是什么滋味。"一生很长，总要经历点新奇又有趣、深刻又痛苦、激动又幸福的事，到了老年，才能有足够多的回忆来咀嚼。也许会嘲笑自己年轻时的愚蠢，也许会觉得曾经做的事很是值得，又或者事后才痛彻心扉地后悔。只有经历过，才会有许多年以后的回忆，才有机会回忆。

点 评

文章首尾两句写得好。小作者先写自己的阅读感受，再写原著的主要内容，接着谈自己对旅行和读书的思考，行文思路较为清晰。

聆听生命的呓语

——读余华《活着》有感

◆ 学校:海盐县商贸学校　◆ 作者:柏祯依　◆ 指导老师:周　莉

忍受是生命赋予我们的责任。

——题记

余华这么说他写作的缘起:"我听到了一首美国民歌《老黑奴》,歌中那位老黑奴经历了一生的苦难,家人都先他而去,而他依然友好地对待世界,没有一句抱怨的话。这首歌深深打动了我,我决定写下一篇这样的小说,就是这篇《活着》。"

《活着》是一本描写死亡的书。故事讲的是一个地主的儿子,叫福贵,由于好赌而输光了整个家产,由一个好吃懒做的富人变成了一个彻彻底底的穷人。富的时候,具有一切富人惯有的恶习,而穷的时候,甚至比那个时候所有的穷人还要穷。然而,命运并没有因为他变成了一个穷人,就停止了对他的掠夺,而且这种掠夺是用最残忍的手段:死亡! 父亲、母亲、妻子、儿子、女儿、最好的朋友一个一个相继死去。书中人物各种不同的死因让我倍感死亡的恐怖。可是,书中的所有人,面对命运,他们没有任何抱怨,也许他们根本就不懂抱怨,所有的一切,除了承受,还是承受。

人活着为了什么? 对于这个贯串全文的线索,我无从答起。福贵,他在贫困中觉悟,在经历了人生几乎是所有的劫难之后,他只能一个人走过人生的漫漫长路。作者用平静的文字追问活着的意义,却没有给出一个确切的答案。对于活着的意义,不同的人有不同的解读,不同时代的人对此也有不同的看法。(*此处过渡,从作品内容过渡到自己的思考,行文思路清晰。*)

世上有成千上万的人始终不明白,他们总以为活着只是为了幸福,只为了爱情,只为了养家,只为了金钱,只为了做官,只为了别人。有些人觉得自己的命不好,改变不了自己的命运,对自己的前途不怀有任何希望,于是他们选择了在这个世界上消失。有些人,在碰到一点困难时,选择了后退,后来他们觉得退缩也不是解决问题的方法时,索性与世界说再见,选择自杀,挥手而去了。(增强现实意义,引人思考。)

"活着"在我们中国人的语言里充满了力量,它的力量不是来自狂傲不羁的呐喊,也不是来自凶残猛烈的进攻,而是来自忍受,去忍受生命赋予我们的责任,去忍受现实给予我们的幸福和苦难、无聊和平庸。忍受所能忍受的,忍受所不能忍受的,在绝望与痛苦的边缘继续活着,而且骄傲而坚强地活着。(语言富有力度,别样诠释了"活着"的内涵。)当读到他的最后一个亲人苦根吃豆子撑死的时候,我真的被深深地震撼了。

在我看来,这本书揭示了一种高尚——那是对一切事物理解之后的超然。(思考向纵深处延伸。)主角福贵,一生坎坷曲折,经历了家境的破落,经历了国共的内战,经历了"文化大革命"的动乱,经历了所有亲人先后离他而去的苦痛,最后与一头与他同名的老牛相依为命,默默地活着,无牵无挂地活着,在死亡的陪伴下活着,为了活着而活着。

在《活着》的最后,黄昏转瞬即逝,黑夜从天而降。我仿佛看到了星光消隐在这一片毫无诗意的苍茫中,四周尽是千疮百孔的黑暗。土地以它特有的方式抒情、宣泄、释放……它也在诉说吗? 那些古老不朽的故事曾经在这里轰轰烈烈地发生。不,这只是一片荒野,那些自命不凡的人不会循着它黝黑的肌理聆听它的心跳,这片荒野从未被贴上富贵的标签,它收到的是愤怒,是不安,是狂热,是无奈,没有祝福。可是,这又有什么关系呢,那些生命真真切切地存在过,带着人类明天的希望,将痛苦的记忆埋葬在历史的长河里,继而开出芬芳馥郁的花朵。(虽是描述性的文字却饱含哲理。诗意的笔触藏匿了深刻的道理。)

此生若能幸福安稳,谁又愿颠沛流离? 这人哪,到这世上走一遭不容易,唯愿现世安稳,岁月静好吧,单纯为活着而活着,不负生命,不负恩泽。

点 评

本文全篇紧扣《活着》,思想层层递进,严密而又详尽地展现了此书的内涵。

小作者将作品内容与自我感悟有机结合,将"活着"这样一个大而宽的主题诠释得生动而有新意。

书海拾贝

　　今天的计划没完成,还有明天。今生的心愿没实现,却不再有来世了。所以,不妨榨取每一天,但不要苛求绝无增援力量的一生。要记住:人一生能做的事情不多,无论做成几件,都是值得满意的。

——周国平

藏在这世界的优美
——读《咸也好，淡也好》有感

◆ 学校：嘉善高级中学　　◆ 作者：胡雨馨　　◆ 指导老师：王德锋

　　不久以前，阅读了书架上已被收藏许久的《你心柔软，却有力量》，此书出自台湾作家林清玄之手。此前我虽没有读过他的作品，但对这名字并不陌生，还莫名地感到亲近。追随着这一似曾相识的"缘分"，我在学校的推荐书目中毫不犹豫地选择了林清玄的《咸也好，淡也好》。我向来会被优美的名字吸引，这简简单单的六个字，仿佛散发着勾人魂魄的魅力，吸引人深入探究。这本书果然没有让我失望，"温暖的文字让心柔软，却生发出力量"，语言文字确有振聋发聩的作用。

　　这本书洋溢着脱俗的气质，全书的插图和文字搭配得相得益彰。这是一本关于寻找生活中的幸福的散文集。在此，我撷取几个感触最深的小片段，分享这本书带给我的浓浓的暖意和感动。(简要介绍书的内容和特点，自然地引出下文。)

天地本无主，有闲者便是主人

　　"有闲者"，谁是有闲者？当然不是在大街上游手好闲、无所事事的人，而是具有闲情雅致、不为俗务所累的人，可以悠然赏景的人。"莫听穿林打叶声，何妨吟啸且徐行。竹杖芒鞋轻胜马，谁怕？一蓑烟雨任平生。"苏东坡如是说。当时，苏东坡正处于因"乌台诗案"被贬为黄州团练副使的第三个春天，风雨忽至，朋友深感狼狈，苏东坡却毫不在乎，泰然处之，吟咏自若，缓步而行。我想，也许他就是有闲者最好的例子。

　　但是如今像苏东坡这样的有闲者已经难觅踪影了。(过渡。)这个暑假我去了上海和深圳，觉得这两个城市的人过着不同节奏的生活。在国际化大都市上海，街上满是购物、逛街或赶去工作的妆容精致、衣着考究的年轻人,显然他们早已适应了这飞速的生活节奏。地铁上,几乎所有的人都拿着手机或戴着耳机,专注于那小小屏幕中的世界,却忽视和舍弃了眼前这个世界。而广东一带,以早茶出名,它代表着一种慢节奏的生活。在这里,老年人拿着老式的蒲扇在公园中打太极;年轻人要八九点才开始工作,下午再享受午睡时光,再惬意不过。但似乎,我也并没有寻觅到一些有闲者。

无论身处何处,都要拥有一颗辽阔、静谧的心。在无聊时放下手机,拿起桌上的书本,静静聆听作者内心的声音。当学习得身心俱疲时,别一下子打开电视,听听窗外的雨声,思考人生的奥秘。(结合具体的生活情境阐明观点。)有闲者的境界是:"独坐于旗尾溪畔,知悉两度伸足入水,已非前水。""天地本无主,有闲者便是主人。"我曾如是追寻,唯愿此生,都能像稚子一样继续追寻。

一心一境

常听长辈或是老师语重心长地说:"重要的不是结果,而是过程。"人生最大的意义不是奔赴某一处目的地,而是承担每个过程。但我经常把"过去""现在""未来"杂糅得难以分辨,使自己无法完完全全地活在当下的情绪中,总为已经或即将发生的事所牵绊。若能安处于每一个当下,就能达到"宠辱不惊"的境界。所以,活在每一个过程中,做一个自在、洒脱的人,吃饭时吃饭,睡觉时睡觉,痛苦时痛苦,快乐时快乐。这样,我就能成为一个掌控情绪而不为悲喜所左右的人了。

常想一二

你肯定听过那句安慰人的话——"人生不如意十之八九",我们生命中不如意的事占了绝大部分,包括一些不能再琐碎的小事。在水果店里挑的不是不甜的西瓜就是熟过头了的哈密瓜,满怀的期待被"不好吃"三个字重重打击;早晨起床后翻遍了整个房间都没找到一根牛皮筋,最后只能披散着头发出门;洗头时手上缠满了轻易掉落的头发,恼人的情绪瞬间涌上心头。活着本身就是痛苦的,但扣除八九成的不如意,还有一二成是如意的、快乐的、欣慰的事情。如果想要过快乐的人生,就要常想那一二成的好事。例如今天闹钟一响我就起床了,并完成了制订的学习计划;今天中午我改良的黑椒牛柳意面味道一级棒,看来我有一点点的做菜天赋。这样就会感到庆幸,懂得珍惜,不致被八九成的不如意打倒了。原来,决定生命品质的,塑造人生境界的,不是"八九",而是"一二"。

读完这本书,我更加确信作者是一个热爱生活的人,他善于发现藏在这世界的优美。原来世界这么大,这么美。当你摔倒了,揉揉你的膝盖,站起来继续前行,去发现,去创造!(结尾写得不错,有画面感,有表现力。)

点 评

文章分成三个部分,结构比较清楚;如果第一部分对应第二、第三部分,小标题采用四字结构,会更合适。小作者将《咸也好,淡也好》中的观点与自身的经历相结合,使议论更具说服力,带给读者启示。

读《从你的全世界路过》有感

◆学校:海盐县元济高级中学 ◆作者:李 金 ◆指导老师:黄淑敏

"我希望有个如你一般的人,如山间清爽的风,如古城温暖的光。从清晨到夜晚,由山野到书房。只要最后是你,就好。"脑海中浮现出一个个清新隽永的句子,仿佛指尖还轻触着柔软的书页。掩面思忖,那些文字组合成一首奇特的歌,余音绕梁。(笔调清新。)

《从你的全世界路过》——初见书名,莫名的忧伤涌上心头,我不知道作者张嘉佳经历了多么曲折的感情挫折抑或只是随心所欲地恣意感慨。不过,作为读者的我确实是被感动了。我还把同名电影也看了一遍,虽然艺术加工的细节很多,但书中的精髓——情,没有变味儿,依旧有一种浓稠的忧伤,仿佛一抹血色残阳……(写出了喜爱之深。)

我不想复述书本的内容,因为我没有办法完全揣摩作者的心思,也不想千篇一律地介绍,因为那毫无意义。此时,我只想分享我在书中找到的某些感动,有一些影子,在我的生活里出现过。(我准切入点,写出个性。)

众里寻他千百度,蓦然回首,那人早已在灯火阑珊处。终究,他从你的全世界路过,留下耐人寻味的背影……

世间有很多珍贵的友情,看起来亲密得天荒地老,海枯石烂,细细一追究,故事的主角却很少见面。三十二岁那年,杜甫见到英姿勃发、天真烂漫的李白,便全然着迷于他的诗化人格。此后,子美便疯狂写诗给李白:春日忆李白,梦李白,冬日怀念李白……良辰美景,子美以为可以"两厢情悦",奈何,似乎只是"一厢情愿"!不过,这并不影响杜甫对李白的"浓浓爱意",他永远记得:三十二岁那年,李白挽弓抽箭,策马扬鞭,奔驰呼啸的潇洒身影,令他崇拜得五体投地。奈何,李白从他的全世界路过了。"挥手自兹去,萧萧班马鸣。"(趣味十足地运用李白和杜甫的例子,表现友情的珍贵而又可惜。)

青梅枯萎竹马老去,从此我爱的人都像你。爱情,是一个神奇的东西——得不到的在骚动,被偏爱的有恃无恐。爱情这东西,有太多无奈和惊喜。你永远不知道你等了小学六年、初中三年的那个人,高中再见时,他却牵着别人的手,那种惆怅的滋味有多难受。你总是喜欢多乘一站公交车,故意尾随你喜欢的那个他。你的本子上面或许写满了他的名字,你的话题也离不开他……算了,毫无指望的东西,终究有一天会过期,爱不到的人,放手吧!别把尊严丢了!是啊,从你的全世界路过。诚然,我也来过,哪怕像一阵风!

"我怕来不及,我要抱着你,直到感觉你的皱纹有了岁月的痕迹……"听说,世界上少一个人,天上就会多一颗星星,像一个美丽的童话。情不自禁,想起了奶奶,唉!我害怕你突然不在了,我想过无数次你离开以后,我会怎么样,会哭,会闹……会像小时候一样依偎在你怀里撒娇,使坏,搞怪——只是,我害怕你不在了。我宁愿不要满天繁星,只要你陪着我,没有星星,我们可以看月亮,不要离开我,你最珍贵!可是啊,"人有悲欢离合,月有阴晴圆缺,此事古难全"。你始终会走过我的世界,只愿你长久,千里之外,咱们共赏婵娟。

故事的开头总是这样,适逢其会,猝不及防。故事的结局总是这样,花开两朵,天各一方。

岁月的无奈和时光的无情,记得便好!

我希望遇到一个如你一般的人……贯穿生命的始终。

从你的全世界路过!我来过!(短短两句便能让人想象出小作者说出这句话时的铿锵有力,饱含深情!)

点评

小作者没有局限于品读的那本书,而是用充满青春张力的文辞带我们进入了另一个世界,从友情、爱情、亲情三个方面描绘了一场相识美好却无法相守的人生旅行,但既已从你的全世界路过,便已无憾。

人语驿边桥

——读《边城》有感

◆学校:嘉兴市第一中学 ◆作者:李 婧 ◆指导老师:王素芹

农村的暮色是闲静的。晚霞似火一般热烈,又如水一般娇柔,深深浅浅,依偎而融,晕染了一片娇涩的殷红;"一道残阳铺水中,半江瑟瑟半江红",黄昏的河面也不比寻常,闪着灿灿的金光,更是多了几分乡间的魅惑。(以农村的暮景为引,笔触细腻,语言隽秀,形象地描绘出一幅慵懒的乡村暮光图。)

我爱这个慵懒惬意的乡村傍晚,更爱在这段餐前的闲暇时光里以墨点饥。

搬出一把藤椅,捧起沈从文先生的《边城》。恍惚间,茶峒的山山水水、形形色色又一次浮现在了眼前的这片夕曛中,愈渐清晰。

翠翠是一个纯澈靓丽的农家少女,与摆渡的祖父相依为命,生活清苦却从不颓靡。在一次偶然中,翠翠陷入了天保与傩送的爱情里,兄弟二人选择用唱山歌这样公平而又浪漫的方式争夺翠翠的芳心。可惜,天保的溺亡、傩送的远走与祖父的离世,最终为这首纯美的山城恋曲添上了一个凄婉的省略号……

当世人都在惋惜这段乡间纯情的陨落时,我却独爱字里行间那份真情流露的对于农家的温爱。(点出自己与众不同的观点,新颖独特。)

我常被书中那片片山城美景所吸引。

"溪流如弓背,山路如弓弦,故远近有了小小差异……静静的水即或深到一篙不能落底,却依然清澈透明,河中游鱼来去皆可以计数。"好一幅清秀滋润的山水画!虽然这与江南水乡的小桥流水有所不同,但依然不妨碍我对从前家门口那一方水田的思忆。那是一片小小的芦苇丛,青绿色的倒影里总是悠悠踱过几只棕黄色的野鸭,一层层浅浅的涟漪宛若它们扑腾后留下的脚印。岸边不时有几个孩子捡起石子,玩起打水漂的游戏,吓跑了一群刚嬉戏不久的老实的小鸭……

我也常为书中那些生动朴实的形象而感动。

"翠翠在风日里长养着,把皮肤变得黑黑的,触目为青山绿水,一对眸子清明如水晶。"这句话十分触动我的心。从翠翠的明眸里,我好像看到了家乡一些农妇的身影。她们戴着凉帽,披上干农活穿的布衣,微微挽起破旧的裤边,踩着满是泥的布鞋,拿起镰刀,弯下腰,割着前些日子辛苦种下的作物,然后放在一旁,接着一捆一捆地扔进箩筐,再吃力地直起身,歇息一会儿,顺便抬起肩擦一擦已经流到脖子里的汗,最后将筐一把荷在肩上。田边若是有人踱步经过,大喊一声"阿芳"(或是其他带有浓厚乡音的俗名),田里的那个农人必会抬起头,大声应道:"唉!内饭七里伐?"(方言:你饭吃了吗?)(运用淳朴的方言,使文章显得更加平实近人,引起共鸣。)然后客气地点点头,微笑着露出八颗白牙。她们的肤色黑黝黝的,就像翠翠那样健康自然;她们的眼里满是淳朴,清澈得没有一点点杂质,就如同翠翠眼波里荡漾着的那番纯净。

山光人情,这也许就是边城的那份温爱。

我喜欢这本书,不仅是欣赏沈从文先生文笔的纯粹,也不光是爱茶峒村民的淳朴自然,我最喜欢的,是那份难寻的亲切与熟悉。也许是小时候在农村长大的缘故,我总怀着一份浓浓的乡情,在那个湘西偏僻的小山城里,我好像总像这样,频频看见一个江南小村的影子。我想这就是那份追寻,那份一直隐匿在我心中的,对于农村真真切切的爱。

翻页之间,那道洒落在书上的余晖好像越来越淡,越来越淡,为这个故事的结尾平添了几分悠悠的惆怅。我合上书,再抬头时,发现天边的夕阳已然褪去了那份炽热,变得依稀可辨,粉嫩温柔了。我起身,趴在屋前的栏杆上,看见眼前黑蒙蒙的河里好像冒着一个个泡泡。远处隐隐约约传来天保和傩送的山歌声,空灵澄澈,余音回荡。渐渐地,渐渐地,山歌声也随着夜幕的降临销声匿迹了,只留下了几声麻雀扑腾飞走的轻柔声响。

晚餐时分,我看见远处的那个小亭子里,几个阿婆拿着蒲扇,带着孙儿,习惯地唠着家常。突然想到一句词:"人语驿边桥。"是啊,人语驿边桥,这就是农村,那个最美,最淳,最真,最爱的农村。(结尾点题,也是深化主题,用四个"最"字表现出对农村深深的爱与赞美。)

点 评

　　在一个乡村的傍晚,小作者由《边城》的故事引发出对农家温爱的赞美,感悟中蕴含着对日常生活的细细品读,内心的情感在笔间肆意流淌,细腻而纯粹。

书海拾贝

　　你拥有青春的时候,就要感受它,不要虚掷你的黄金时代,不要去倾听枯燥乏味的东西,不要设法挽留无望的失败,不要把你的生命献给无知、平庸和低俗。这些都是我们时代病态的目标,虚假的理想。活着!把你宝贵的内在生命活出来。什么都别错过。

——[英]奥斯卡·王尔德

其实你我都善良
——读《当一切在我们周围暗下来》有感

◆学校:嘉兴市第一中学　◆作者:厉　越　◆指导老师:吴　俊

世上所有的相遇,都是久别重逢。

我们总是在风尘仆仆中行走,不为遇见,只是为了心中所谓的远方,可是,远方,究竟有多远……(开头营造了一种温婉文艺而又朦胧的意境,具有小作者的个性特点。)

得不到的永远在骚动

这是来自一个"不够美小姐"的独白,这个"不够美小姐"正是作者荞麦自己。相貌平平,若是扎在人堆里,必定是被忽视的那一个。青春期少女总会非常在意自己的外貌,常常因为自己的外貌不如人而感到自卑。但荞麦在远离青春期十几年以后,不再感到自卑,美女那么多,而自己只有一个。

"我们正是在'得不到'和'有所得'之间,确立了自己在这个世界上的位置。"

我们应该去寻找无法丧失的东西,而最容易丧失的,莫过于容颜了。有关"内在美"的话题已经铺天盖地,但这确实是真理。或许第一眼使人动心的是一个人的外在,但无可非议的是,可以使美丽永久保鲜的,一定是你的内在价值。既然我们不一定拥有精致的外表,那么我们就该去寻找比外表更具价值的东西。

陈奕迅的所有歌里,有那么一句,无可替代:"得不到的永远在骚动,被偏爱的都有恃无恐。"

除了外貌,生活中我们总会或多或少地与人有所差距。有了差距,就会有攀比,发现差距总会试着去弥补。于是我们常常在这样一味的追求中,忘记了自己的所有。我们总在计较着自己得不到什么,却很少好好地去思考,我们都得到了什么。生活中总有人不断地抱怨,抱怨着自己何处不如人,生活怎么不如意,却从未静下心考虑过自己已经拥有的东西。有些自信与乐趣以及人生经历会因为我们的"得不到"而从未拥有,觉得遗憾。但是没关系,我们同样也会因为自己的"有所得"而拥有他人从未有过的自信与乐趣以及人生经历。我们不可能拥有与旁人完全一样的东西,如果能拥有,那么你也就不再是你自己了。每个人总该有所不同,只有在"得不到"与"有所得"之间有了差距,才造就了独一无二的你,才可以确定你在这个世界的位置,才可以让这个世界缺你不可。(小作者读书却不囿于书,联系歌词,联系生活,将书中的核心思想以人生道理的形式深刻展现出来。)

所谓的容颜的差距都可以借助医学技术与化妆品被缩短,唯有真正的自我以及内在价值才可以使我们在各自的细水长流里熠熠生辉。

将心事汇入自己的大海

"在某些灰暗地带,或许每个人都是相似的。"

我曾在以前的文章里无数次提到我对自己未来的幻想,一直以来没有变过的就是对上海这座城市的渴望,因为我喜欢站在地铁枢纽的中央,站在天桥的一旁,站在各大商场的电梯上,望着四下的人群,就如此静静地望着,想着每个人的故事,想着不同的人该归向何处。很难想象在每个平静的表面之下,暗含着怎样的汹涌。如今我渐渐意识到,事实上每个人都有他一言难尽的故事,但往往都是可念不可说的。荞麦问人生真正黑暗的时刻是什么,我认为,莫过于此。再多的痛感,只能一点点微妙地流露出来,不动声色。各种失败、各种挫折所带来的痛苦都一点点汇聚起来,化作黑暗,无从说起,就如一口巨大的钟罩,遮住了光线,于是我们身处黑暗,是自身的,也是心灵的黑暗。(这是深刻而独特的体验,打上了小作者个人的印记。语言熨帖而有质感。)

五六年前,我总会在半夜三点钟醒来,连续两个月,误差不会超过半个小时。醒来之后就会觉得恐惧,习惯性地打开蓝屏的电视,只有声音没有图像,就这样一个人坐上一两个小时,等到天快亮,才能睡着。那段时间,一直对黑夜怀着很深很深的恐惧。但,一切总会好的。后来的后来,我开始一点点地适应黑暗,开始适应关灯睡觉,直到如今,我已经习惯了黑夜,有时反而是喜欢。那么心灵上,又何尝不是呢?"经历了各种各样的失败、挫折和痛苦,我们似乎慢慢找到了属于自己的平静。"生活中的黑暗依旧在,但至少不会再吓到我们。我们不可能在人生的任何时候都找到可以倾诉的人,也不会有人愿意细细地听你所有的荡气回肠。那些无法通过倾诉来化解的情绪,我们就该一点点去适应,在某个深夜,静下心来,将心事汇入自己的大海,风浪过去后,一点点平静下来。最后通过大气循环,成为滋润我们心灵的源泉,这个过程就叫作成长。在这个过程中,我们渐渐克服恐慌与不安。(将一个道理说成了一首生动的诗,让人在想象中体味到小作者对作品的独特思考。)

"一切都在我们周围暗下去,只剩下我们自己轻轻的脚步声。"

偶然间遇见了这本书,却渐渐成了最爱之一。如何做人,如何去体会成长,这将会是不变的话题。只是在这个过程中,请一定一定不要忘记,好好善待自己。天光降临,长夜不再漫漫,总有人爱你,对你微笑。愿你我最终都可成为那个期望的自己,你最珍贵。(小作者与一本书不期而遇,自我的人生经历与读书所悟至此浑然一体。)

岁月还冗长,而你我都善良。

点 评

只有自己才是唯一,只有自己才有属于自己的价值,小作者在读一本偶然遇见的书时,突生此感,认识到了自我与他人的不同和自己的可贵。有时候,书是引发人心共鸣的钟锤,当这些文字一下下地敲击着敏感的心弦时,孤独、喜悦、悲痛,一切书中夹杂着的情感都在读者身上慢慢发生。文章采用小标题的形式,详细述说了小作者从书中体会到容颜易逝,自我价值为贵以及成长就是克服恐惧和不安的心得。

何为幸？何为福？
——读《目送》之《幸福》有感

◆学校:嘉兴市第四高级中学　◆作者:陆佳音　◆指导老师:施　佳

"幸福就是,生活中不必时时恐惧。"(开篇引用,抓人眼球,奠定文章基调。)

翻开一本崭新的《目送》,目光扫过目录,定格在了"幸福"二字上,翻页……

开篇第一段,便把我深深地吸引了。读《幸福》之时,我正处于极不幸福的状态。然而,这点在我眼中的不幸福,却是一件极其微末的小事——母亲再一次以各种理由推托旅行一事,并且过分地要求我带顽皮的弟弟。明明一直恐惧着这些事,早已做好了些许准备,却仍旧接受不了这不幸的事实。我一气之下摔门进了自己的房间,翻看那本封面绿油油的书——《目送》,其间还一直心惊胆战,生怕母亲会抄起鸡毛掸子,"杀"入房间。

眼帘中映入那行字时,我感同身受,大为感慨。读完全文,我的心释然了许多,就好像在炎热酷暑时跌入清凉的泉水中,浑身上下,连带那颗冒火的心,都被洗涤干净,不仅火灭了,还一身清爽。(以形象的比喻,表现自己细腻的感受,彰显此书的巨大力量。)

我用手肘支撑着脑袋,望着窗外,开始陷入深深的思索当中……

在龙应台眼中,"幸福就是,从政的人不必害怕暗杀,抗议的人不必害怕镇压,富人不必害怕绑票……";而在我的眼中,母亲同意去旅行才是幸福,不带弟弟才是幸福,不用上学写成堆的作业才是幸福……无论如何,只有自己一身轻松无负担,才是幸福。

可是,真的是这样吗? 到底何为幸? 何为福?

细细回味从前幸福的时光,不过是某次饿了一天,到晚上八点终于吃到了母亲烧的菜。家庭的温暖与母亲细腻的爱融在饭菜中,咀嚼起来,是甜滋滋的。

幸福，不过是夜深人静的时候，听着窗外或近或远的交通之声，渐渐在被窝中入眠。

幸福，不过是每次开学时见到那些熟悉或是陌生的脸庞，好奇又惊喜。

幸福，不过是健康平安，有家人相伴。

幸福，不过是你的心不感到焦虑……（小作者以生活中一连串看似稀松平常之事写出了一种温暖，一种幸福，以小见大。）

何为幸？何为福？

难道非要万事顺心如意，好运连连才是幸福？

终于明白，所谓不幸，所谓没福，只不过是人的奢望太大，自己在头顶置了一张网，最终自己束缚自己；或者，奢求太多了，以至于心灵早已感受不到那萦绕在身边的丝丝缕缕的幸福。

其实，静下心来，任何事都能是幸福的。

现代人总是整日匆忙，以至于很少有时间去体会、品尝身边的小幸福，整日被生活琐事缠绕，无法挣脱。脑袋里全是如何维持将来的生活，永远只向前看，眼睛一直望着远处遥不可及的梦，对于脚下实实在在、可触可感的幸福却视而不见。最后，连眼前的幸福也丢弃了。（从自身的经历再到对社会的思考，提升了文章主旨。）

偶尔，就是偶尔，只是偶尔，放松自己，心无杂念，只想着二十四小时的事，排除一切烦恼，不花一分一秒去回忆过去不开心的事，无忧无虑地过完一天。你会发现，生活，是如此悠然，不去烦恼，不去抱怨，不去冥想，生活就是幸福。与其一直如从前那样头顶着乌云，不如时而挂个小太阳，事情会顺利得多。

无须每日如此，但求有那么几段轻松的时光来抚平受伤、劳累之心。

幸福就好像空气，触摸不到却感受得到，可以自己来选择是否去感受，选择权在自己手中。

"幸福就是，早上挥手说'再见'的人，晚上又平平常常地回来了，书包丢在同一个角落，臭球鞋塞在同一张椅下。"合上书，我深吸一口气，走出房门，走到母亲身旁。她的眉紧锁着，眼里尽是无奈与忧伤。想起刚才自己对母亲蛮横的态度，强烈的愧疚感冲击着我的内心。我微微一笑，说："妈，对不起，我知道错了，你去房间休息吧，弟弟我先看着就好。"母亲的眉头随着我的话语渐渐舒展，脸上滑过隐隐的笑。我知道，她在隐藏着内心的欣慰与感动，毕竟渐渐叛逆的我已经很久没有做过贴心的事了。望着母亲进房门时有些微驼的背影，我暗暗决定以后要让母亲多一点幸福,少一些忧愁。读完书后的瞬间长大,也是一种幸福啊!

此为幸,此为福……

点 评

对《目送》中《幸福》的解读,小作者并未大书对幸福的诸多见解,而是将自己的感悟融入了日常的一件件小事中,以小见大,情感真挚而又意蕴深厚。行文匠心独具,令人感同身受。

书海拾贝

我觉得时辰钟是人生的最好的象征了。时辰钟的针,平常一看总觉得是"不动"的;其实人造物中最常动的无过于时辰钟的针了。日常生活中的人生也如此,刻刻觉得我是我,似乎这"我"永远不变,实则与时辰钟的针一样地无常!一息尚存,总觉得我仍是我,我没有变,还是留连着我的生,可怜受尽"渐"的欺骗!

——丰子恺

旧　人

◆学校:桐乡市凤鸣高级中学　◆作者:陆智渊　◆指导老师:李爱萍

　　挥之不去的,不是现在在你身边的人,而是从前与你欢笑的那些人。有些瞬间的存在,从开始就是为了被缅怀;有些微笑的绽放,从开始就是为了被回忆;而有些人,是一辈子都无法抹去的记忆,是为旧人。(连用整句。)

　　假如世界沉入海底,在陆沉的最后一秒,你会想到谁?恋人、家人或是朋友?江洋,直到陆沉的时候,还在挂念着那个对他来说遥不可及的人。(此处最好指出阅读的作品,写作不是自言自语,要考虑读者的感受。)我不知道该怎么去形容这种行为,是执念,是念念不忘吧。读罢,靠在窗台上,看着树叶一片一片地落下,复而被风刮起。很久很久,我还是无法明白真正的答案。江洋也是茫然的,林澜于他而言,真的只是昔日火锅店里那个独自看着窗外,身上散发着令人心疼的气息的女孩吗?可惜时间匆匆,留不住的是人,留下的只是思绪上的缅怀。

　　风从桌前走过,悄悄翻动着时间,我的视线依然停留在书页上那一段文字。它说:"这个世界上有一万个人你看到会一见钟情。"我认为,林澜就是那个幸运儿。她成了江洋心中那一绺细软的发丝,牵挂了整整十年。此时此刻,我不再想它是笔下的虚幻,我想把它当作真实,去感受那令人羡慕的纯真。如果可以,我能否作为上帝,去让林澜再选择一次?她是否会选择那个在陆沉前违抗军令也要拼死去拯救自己的男孩子?(运用短句更好。)世间本该留存美好,可惜江洋的心中,那一绺细软是谁也无法取代的,即便是整颗心都挂在他身上的路依依。这是一个很悲伤的故事,却又能令人感到快乐。它集齐了酸甜苦辣:有面对战友牺牲时的心酸,有爱情的甜蜜,有被拒绝时的痛苦,还有辐射之后的辣。(直接写出自己的感受,如果能叙述一下情节,表意会更清楚。)

　　《上海堡垒》一开始带给我的只是科幻作品的新奇感,但越读越深,也越毒越深。(谐音,有趣。)科幻不再是主线,更多的是对人生的描绘,形形色色的人物在江南的笔下都很生动。阿紫是一个不起眼的配角,但她的人生却是坚强又悲剧的。阿紫的死,还有她最后的微笑,使她成了二猪挥之不去的旧人。她手中紧握的铭牌,也沾着二猪的泪水。有些微笑的存在,仅仅是为了被回忆,因为不可能再当面看到她脸上绽放出像花儿一样的微笑,也没有办法再去明白她眼角的泪水有多么珍贵。当我回头的时候,才发现阿紫的存在是多么重要,她是整个悲剧的开始啊。

我久久凝视合上的书本,仿佛它就是那块银色的铭牌。

永尾完治和赤名莉香就是现实版的江洋和林澜,当莉香最后坐上火车离开完治的时候,我知道,她只是累了。这段追逐了十几年的爱情,两个人都累了。就如同醉酒之后的江洋,只是想要逃避。完治对莉香,是爱的,只是他不明白。在莉香走后,他才醒悟自己的心究竟想要什么。林澜的心有一道像雨幕一样的墙,她看不清在墙后面的究竟是谁,直到最后的无疾而终。爱情,也不过是回眸间眼中闪过的那一丝悸动,可惜到最后,他们谁也没能看破。或许,只有不完整才能刺激人的神经,也只有不完整才能让人产生共鸣。在江南的文字里,爱情永远是一个奢侈的词语。

然而幸运的是,即使世界发生天翻地覆的变化,也会有人值得你去爱。在江洋的生命中,这个人只能是路依依了。一个是军人,一个是演艺界新天后,看似完全不搭的两个人,却早已有了千丝万缕的联系。生活本就是如此,一个人离去,总有另外一个人来填补,相似的人那么多,刻意去相忘又有什么难的呢?我们总是做着英雄的梦,却不曾想过有人等着你成为她的英雄。

读完这本书,我才真正明白那句话,越说不出口的才越是爱。虽然我年纪还小,没有经历,这样的感悟说出来,怕只会惹人发笑。但是,沉淀下来的才是精华,将《上海堡垒》摆在书架上,等哪日落满了灰尘,我再在那日做一回江洋。(结尾写得很有画面感,有表现力。)

点 评

本文写了作品中的多个人物,也写出了自己的感受和思考。如果小作者先对作品的故事情节做必要的介绍,再谈自己的理解和感受,思路应该会更顺畅。题目"旧人"在文中多点出几次,文脉也会更清晰。写作的时候,如果能时时想着读者的阅读感受,文章或许会写得更出色。

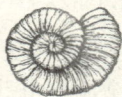

书海拾贝

因为我既不生活在过去,也不生活在未来,我只有现在,它才是我感兴趣的。如果你能永远停留在现在,那你将是最幸福的人。你会发现沙漠里有生命,发现天空中有星星,发现士兵们打仗是因为战争是人类生活的一部分。生活就是一个节日,是一场盛大的庆典。因为生活永远是,也仅仅是我们现在经历的这一刻。

——[巴西]保罗·柯艾略

这不是真正的救赎

——读《追风筝的人》有感

◆学校:平湖市当湖高级中学　◆作者:裴轶敏　◆指导老师:叶　宁

　　故事发生在阿富汗,一个是贵族少爷阿米尔,另一个则是哈扎拉"仆人"哈桑。当他们还是婴儿时,阿米尔喊出的第一个词是"爸爸",而哈桑喊出的第一个名字则是"阿米尔"。(简明扼要地交代了小说的背景,暗示哈桑与阿米尔有着不寻常的感情。)

　　不管是朋友,还是主人,叫法可变,但哈桑的真心不变。

　　然而正如书中开头所言:"我成为今天的我,是在1975年某个阴云密布的寒冷冬日,那年我十二岁。"十二岁那年,阿米尔做了件他无法原谅自己的事——背叛哈桑。("背叛"一词与后文"救赎"并提,体现了小作者深入的思考与独特的视角。)而更令阿米尔无法原谅自己的是他嫉妒父亲对哈桑的好,为了得到父亲的爱,他陷害哈桑,又逼得阿里带走哈桑,离开了阿米尔的家。

　　阿米尔明白哈桑是知道真相的,"他知道我看到了小巷里面的一切,知道我站在那儿,袖手旁观。他明知道我背叛了他,然而还是救了我。那一刻我爱上了他,爱他胜过爱任何人,我只想告诉他们,我就是草丛里面的毒蛇,湖底的鬼怪"。这就更令阿米尔悔恨不已。阿米尔明白,"这个下在他身上的咒语,终此一生,他将背负着这个谎言"。直到当年唯一理解他、鼓励他的老师兼朋友打电话给他,请他重回阿富汗见最后一面,他才有了一个救赎的机会。

　　在那儿,阿米尔知道了哈桑是自己同父异母的弟弟,哈桑为了保护自己的房子而被塔利班武装人员射杀,哈桑的孩子成了孤儿。虽然犹豫不决,但阿米尔还是走上了救赎之路,从阿塞夫手中救出了哈桑之子索拉博。

　　这里是全书的高潮,阿米尔"得到了救赎",他"体无完肤,但心病已愈",至少他自己这么认为。但，依我之见，这并非救赎，只是阿米尔编织了一个自我安慰的谎言罢了。（提出自己的观点，鲜明出彩。）

阿米尔为实现"自我救赎"，将愿望强加给了索拉博，想带他回美国。但这违背了索拉博的意愿，索拉博只是想要回到原来的生活而已，他并不愿意融入阿米尔的生活，甚至有些害怕。毕竟，强加给别人的善意能演化成恶意。（此句富有哲理，引人深思。）这也能解释为什么索拉博患上了抑郁症并自杀。

现如今，很多人也渴望"得到救赎"，弥补自己早年的过错，便开始了慈善，帮助需要帮助的人，这并非恶事，但方式不对，这"嗟来之食"便成了对弱者的侮辱；也有些人，因种种疾病，倾家荡产，无奈之下，只能借款，甚至不惜上新闻头条，指名道姓向某个明星借钱，这又让明星进退两难，不可避免地陷入"为富不仁"或"变相炫富"的境地。

也许，我们想要的并非救赎，而是原谅，阿米尔亦是如此。原谅并非易事，虽然背叛后阿米尔心怀愧疚，觉得只有哈桑报复自己才能让自己心安，但殊不知哈桑早已放下偏见，原谅了自己。真正无法原谅阿米尔的，是他自己，他无法心安，纵使迁往美国，远离哈桑，噩梦也始终缠绕着阿米尔，令他经常失眠。他之后所做的一切——回到阿富汗，与阿塞夫决斗直至被打得体无完肤，接索拉博回美国——都只是为了能让自己原谅自己所负的罪行。

原谅是一种美，哈桑总是能原谅阿米尔，总是告诉阿米尔"为你，千千万万遍"，这也是为什么全书中哈桑总是活得那么自在的原因。（最后两段出现多处"原谅"，不知去原谅什么，诚觉世事尽可原谅，可阿米尔无法原谅自己。这种偏执，恰恰与哈桑的坦然形成对立而统一的局面。）

点评

文章视角新颖，富有思辨色彩。一方面，标题即体现小作者的思考深度。在"这不是真正的救赎"这一强有力的否定句下，必会有正面阐述。另一方面，结尾部分层层推进，反观现实，审视内心。到底是想要"救赎"还是"原谅"，每个人无法欺骗自己。思辨的力量体现在对问题的无情解剖，在这一点上，本文做了很好的尝试。

幸或不幸,终成经历

——读《时间会证明一切》有感

◆学校:嘉兴市第一中学 ◆作者:钱洁仪 ◆指导老师:李静芸

　　每个人对"幸运"和"不幸"下的定义都不同,但在这两种定义形成的过程中,我们所接受的一切考验却会成为促进我们把这一生经营得越来越好的宝贵经历。(开门见山,点出文题内容。通过这一富有哲理的句子引发读者思考,引出下文。)

　　这是我看完《时间会证明一切》后,脑海中浮现出来的第一段话。

　　说来也巧,在网上看到这本书的时候,我正处于瓶颈期,学业水平考试的压力让我喘不过气,所以收到这本书的那天,我如获至宝,像是一个密闭已久的空间里透进了久违的光线,暖融融地漫遍了全身。

一

　　我想几乎没有人不知道这一句话:走自己的路,让别人说去吧。

　　没错,这句话的确有座右铭似的力量。但换个角度想想,当别人真的说了我们的时候,我们能否用理解的眼光去看待别人的建议? 每个人的生活都有他们的不容易,在向别人提出建议的同时我们又有没有给过他们说出难处的机会?(两个问句,行文变化的同时触动读者的思维神经。小作者在启示读者"换位思考",理智能让一个人少走一些弯路。)

　　"包容"这种品质具有相互性,但至于包容者与被包容者能否很好地厘清个中关系并仍然笑着坚持各自认为对且值得做的事,就要看我们自身的悟性了。

二

沉默,是我们在奋斗时用来对抗质疑声最佳的防弹衣。

理由很简单。在这个"成功学"泛滥的年代,衡量一个人是否有前途往往限定在"有没有成为某一领域的名人或名家"的标准里,然后有很大一部分人,就在被上一代灌输的"成功学"的法则内浸泡打滚,结果努力是够努力了,可到头来发现自己成不了名人而仍仅仅是个人名。

生而为人,我们当然希望自己越活越出色,但"出色"并不等同于"成名",而"成名"也未见得就是"成功"。这个世界上有太多被我们贴上"成功人士"标签的人希望做回普通人,也还有太多的人,是因为行为的不检点而出名。(时光不会亏待默默努力的人,而成功,自会有无数种表现形式。)

所以,走向成功的路可以有很多条,但并不是每一条都适合我们,我们能做的就只有不断地尝试,试得多了,我们才有可能知道适合自己的路以及自己想走的路在哪里。

正处于学习奋斗时期的我们,当然要感恩身边伙伴、父母与老师的陪伴和鼓励,但请不要忘记,在大多数的奋斗中,负责把想法付诸行动的人,永远只能是自己。

三

我们现在交朋友大都秉持着一个标准:默契以对,真心相待。

但是在这世上符合这个标准的人并不多,这个"不多"所反映出来的数量之少,除了字面上对"少"的程度的表达之外,还映射出我们在人际关系间疏于经营的惰性心理。毕竟并非人人都是心理分析师,连搞懂自己都那么难,更别说刻意花时间在别人身上了。所以,在这种不屑于泛泛之交的心理下,深交三五好友便理所当然地成为我们之中多数人崇尚的交友模式。

前段时间,班里进行"三好学生"的评选,评选过后班主任与我谈论关于交友的话题,他认为我交友圈子太小,只与几个特别要好的同学玩,与其他同学却鲜少接触,导致票数不高。但我觉得,与只是朋友圈大的人相比,我与好友多了很多言语间的默契,相处时的温暖。(用贴近学生生活的事例来说理,小作者善于捕捉生活中的小确幸。)

就像我们快乐时之所以和朋友分享,是想让朋友被我们的快乐感染;难过时之所以想要找朋友倾诉,是想让朋友给我们一丝安慰,甚至以拥抱传达"不管今后日子有多难,你还有我在身旁"的心意讯息。

当然,我们不能单方面地期待遇到善良,而要在遇到善良之前,努力让自己成为一个善良的人,这样才能吸引愿意与我们默契以对、真心相待的朋友到我们身旁。(这样温暖的文字启示我们:善良的人总有着神奇的吸引力,不论是否得到善意的回应,都要做善良之人。)

四

如果要选择,你是愿意听好话还是听真话?若是在以前,我会毫不犹豫地选择后者,可是现在,我发现好话的尺度如果把握得合适,会更容易让听者理解并接受,而好话和真话的最根本区别在于:温度。(一针见血地将"好话"与"真话"区别,在不同的生命阶段,不同的话会给人带来不同的力量。)

当我们面对一件不那么好的事时,以消极的态度应对之,必定事倍功半;反之,若以积极的态度应对之,却能事半功倍。(此处指出面对不幸的两种态度,点明了主观能动性对成长的作用。)

分享一个故事。

两岁时,她被查出因缺氧而导致脑瘫,家人刚知道时不知所措,觉得她这辈子要完了,可是很快他们就明白要镇定,干着急是没用的。在她十二年的寻医问药之旅中,她听到最多的哄她的话就是:走,爸妈带你逛街去!而且每一次说得都兴高采烈,一点破绽都看不出来。

个性是个笼子,它有缝隙,但是如果因为我们太固执而放弃向前走一步,我们就只能永远成为这个笼子里的困兽,限制自身的成长空间,看不到更宽更美的天空。

所以,学会保护自己固然很有必要,但更重要的,是学会感恩这个世界让我们遇见的美好,无论是人或者事。

这或许是我们生下来的最好理由,活下去的最佳方式。

点评

　　小作者用包容、沉默、交友、讲话等几个贴近生活而又值得深思的话题组成一篇风格清新又蕴含哲思的佳作。文章详略得当,略写书本内容,重视个人的思考,这是读书很重要的方法,小作者做到了。此文的几个关键词汇进一条河流——成长,这些是成长之路上必经的路牌,想必小作者深有体会。

书海拾贝

　　那时候,正当我们年轻,过着海上的生活;年轻,一无所有,在除了狠狠地揍你几下什么也不给的大海洋上——有时候给你一个机会好认识到自己的力量——就只有这个——最叫你们难以忘怀?

——[英]约瑟夫·康拉德

青春·梦想·明天

——读《你要去相信,没有到不了的明天》有感

◆ 学校:海宁市高级中学   ◆ 作者:谈天阳   ◆ 指导老师:吴敏炎

在这样一个依旧懵懂的年纪,只身走在清晨校园的小径上,手中仍然紧握着最初的梦想,回头望初升的太阳,泛着些许朦胧的微光,为我的明天是否会如约而至而迷茫。

人行走在这个世界上,生活在这个社会里,难免在现实空间中迷路,也常在心灵旅途上打转。认清世界,读懂自己,明白自己想要的,坚持自己想要的,脚踏实地地为之奋斗,许又是件万般困难的事。于青春,于我,亦是如此。而我或许幸运地在那两厘米的字里行间,寻得了答案。

"如果你现在正走在一条看起来没有未来的道路上,记住一定要继续走下去,只有等你走完了,你才会明白自己想要什么……"他的话,就是那么治愈,那么催人醒悟,一下点醒了身处混沌中的我。我赞同他所相信的:懂得,是一瞬间的事。(写出了知音之感,使人羡慕。)

在这两百五十八页中,他谈到了青春,说到了爱情,提到了梦想,也论到了明天。看似琐碎无序的生活小事,其实这不就是人生?所谓的人生就是由一点一滴的生活小事堆砌而成的,再衍生出少许对生活的感悟罢了。而他的感悟,却是细腻温和而沁人心脾的,仿佛高山峡谷中款款淌出的一汪泉,清澄寂静,却带着融融暖意,让我有勇气坚定地活好自己,坚持为梦想努力,还有,永远相信明天。(印证上文"治愈"和"催人醒悟"两大特点。)

走在没有退路的青春道路上,我也曾经感到迷惘。太多的抉择需要面临,太多的困难需要克服。整日整日陷在成堆的作业与无尽的压力泥淖中挣扎翻滚,却越陷越深。虽然明媚的阳光总是穿过东方的层层云衣普照大地,但我只仰望到没

有星辰的黑。我望不到未来。我有梦想,有目标,但现实与梦想的距离总让人为之一颤,浪漫主义的我始终无法在现实主义横行的世界中生存;我紧握着手中的梦想,却总是不知道该如何迈出下一步,直到捏得手心出汗,也无所适从。(生动地写出了在现实与理想中挣扎的"我"。)

有时候,站在空旷的操场之上,感觉天旋地转,与现实隔离,与时间背道而驰。无助得想抛下梦想,放弃努力。而就在一个被数学题卡死、被这种情绪充斥的晚自修,一个同学在下课临走时突然对我说:"人可以不成功,但不能不成长。"不知该如何形容当时的触动与震撼,只记得那晚的月与星遥遥相对,格外美,那晚睡前也反复思索回味了许久。(此处"月与星遥遥相对"与上文"没有星辰的黑"相互照应,把迷茫时的黑暗与顿悟后的光亮写得生动而具体。)在书中一个容易让人忽略的角落里,我竟也看到了这句改变我长久以来低落心境的话,只是后面又多了一句:"没有什么比背叛自己更可怕。"

是啊,没有什么比背叛自己更可怕!(适时反复。)

不管黑夜多么漫长,黎明始终会如期而至。十七岁的他已独自一人远赴大洋彼岸求学,他也曾感到孤独与失落,但他最终明确了自己存在的意义、自己的信仰与梦想,我又何必在这儿自怨自艾呢?

大好的青春韶华,既然选择了这条道路,那就跟选择了解三角函数的解法一样,一路走到天黑吧!青春就是用来浪费在为梦想流血流汗、努力拼搏上的。我不要在年华老去之后,后悔自己没有洒去所有热血。终有一天我能以自己的力量平稳地站在这片繁华的大地之上,傲视我走过的路,那才不后悔,不背叛自己。

当我感到孤独——不如说是寂寞的时候,我常会去回忆过去那些美好的存在。但现在的我会选择去倾听他的小小感悟,去脚踏实地地为未来努力。因为我知道,明天的美好值得我去奋斗。(小作者从书中找到了人生的真谛——坚定自我,仰望星空也脚踏实地,为了明天而奋斗。)

或许我找到了我的答案……

你要去相信,没有到不了的明天。

点 评

本文没有对所读作品进行整体介绍,也没有选择一个角度去探讨作品的特点。小作者聚焦在作品给予他的精神层面上的引领,"青春""梦想""明天"就是提炼后的话题。本文的最大特点是用细腻的语言描述青春少年的纠结与苦闷,并给予人积极向上的力量。

 **书海拾贝**

输本是难以避免的。谁都不可能常胜不败。在人生这条高速公路上,不能一直在超车道上驱车前行。然而不愿意重复相同的失败,又是另一回事。从一次失败中汲取教训,在下一次机会中应用。尚有能力坚持这种生活方式时,我会这样做。

——[日]村上春树

夏末未至
——读《夏至未至》有感

◆学校:桐乡市教师进修学校　◆作者:严澄烨　◆指导老师:叶春兰

　　总觉得郭敬明的文字很悲伤,很压抑。曾有过一段时光,不理解所有悲剧的作者,很抗拒悲伤的故事。那时的自己很单纯,认为如果可以的话,为什么不让自己活在快乐的世界里,非要编造勾勒出一个悲伤的世界呢?但从读到郭敬明的文字开始,我却渐渐喜欢起带着深深浅浅悲伤的故事。(从郭敬明的文字谈起,写出了由疑惑到释然的认识过程,自然引出下文对《夏至未至》的喜爱之情。)

　　《夏至未至》这一本书,给我的心灵的撞击真的很大。

　　时光流逝,却依然记得那些惹哭了我不知多少遍的人物。(一个"哭"字可见作品的魅力。)

　　我记得遇见,那个有个性的女生。我记得她的坚强和悲伤,记得她坎坷过往里的遭遇,记得她为了梦想一再尝试的日子,记得她和立夏在一起的欢乐时光。我也记得曾有过一个名叫段桥的男生,爱过她、陪伴过她、保护过她。可是命运很吝啬,它让段桥的笑容永远定格在遇见身后,我也开始想遇见是否会时常想起段桥,是否会想起那段时光,可是终究是回不去了。

　　我记得程七七。现在我开始理解她,可还是不能全然接受她所做过的那些事。有时候我也会想,时间真的会让人变得可怕而陌生吗?是时间改变了七七,还是涉世越深,人的欲望和无情都会从逐渐暗无天日的深渊里爬出来?我一直不愿意相信,那个曾经优秀、张扬而天真的七七,会为了自己放弃她的朋友们。我不想相信她曾按下过一盏红灯,让遇见的梦想破碎。我更不想相信她会背叛与立夏的十年友情,让两个相爱的人彼此分离。可是我的眼泪根本就止不住,我不愿意相信,或许我只是害怕,害怕身边至亲至爱的人也会离开。或许我也只是愿意相

138

信,成长是美好的。

我记得陆之昂,那个有正义感、爱笑的男生。我记得他见了漂亮女生会吹口哨;记得他在最爱的妈妈去世后忧伤的微笑;我记得他为了傅小司拿着酒瓶,狠狠地刺向冯晓翼的场景;也记得故事的最后,他望着四四方方的牢笼淡淡地叹息着,无期,该是多漫长。是啊,无期的赎罪该有多漫长,真的无法想象。无法想象,无法接受,当初那个优秀开朗、前途无量的大男生,最后落得如此地步。他教会了傅小司成长,同时他也教会了我坚强。

我记得立夏,那个安静不喧闹的女生。她像许许多多平凡的女孩子一样,平凡、简单,有自己很喜欢的人或事,有自己的坚持和信仰。她也带给很多很多人快乐的时光。有时候我也叹息着自己的平凡和渺小,可想到立夏时,总觉得平凡的自己也不是不可谅解的。我平凡地生活,写着朴素平凡的文字,却也在过着我轰轰烈烈的青春时光。

我记得傅小司,那个沉默却散发光芒的人。在日渐光辉的日子里,蒙受了灰尘。被人否定了自己辛苦创作出的作品的那段日子,是很难过的吧?有时我也会想,在淡出人们视线的那段日子里,郭敬明也和小司一样,被人质疑,被人攻击,也会在黑暗的夜里悄悄地哭泣。(上述五段文字对作品中的主要人物一一评析,眼光独到,文笔细腻,生动地写出了迥乎不同的五个人物带给"我"的成长感悟。)

"不如意事常八九,可与人言无二三。"我们终该坚强地继续前行。最后小司又重新证明了自己的才华,而我们的小四——郭敬明也重新回到了我们的视野里。

看书的过程会难受,会落泪,会让人觉得疼痛、揪心、矛盾,仿佛自己和故事里的人物一样经历过那些悲痛的场景。我曾向人推荐此书,笑称看书时的我"淋漓襟袖啼红泪,比司马青衫更湿"。但是虽然悲伤,却还是一头扎进了故事里,不走到结局不愿离开。

我开始承认自己前途渺茫,然后斗争,开始承认自己存在畏惧,然后踏上征途。(没有壮阔的雄心,没有过去的感慨,有的是对自身的清晰认知以及向前奔跑的信心,勃勃生机蕴含其中。)

我们不该总是在屋檐下喃喃自语,一个航海家不应困顿于四四方方的天地,一股潮水不可能永远停在同一个地方,一只白鸽也不会以蜗居为傲。(排比之势,水到渠成。)欲望皆妄作,唯有自己觉醒之际,曙光才会破晓。

天光乍破的,也不只是黎明。

成长的道路上,我一路彳亍彳亍,走一步还要停两步。可是,我不会永远停止,因为未来很长很长,夏末未至,我还要去往我向往的地方。

点评

心中的真情实感总是能拨动人的心弦。在我们成长的过程中,总有那么一本书一直珍藏在心里,它用独有的人物和情节感动我们并给予我们力量。对于本文小作者而言,《夏至未至》就是这样一本书。

也许前半生就这样，还有明天

——读《目送》有感

◆学校:嘉兴市第一中学　◆作者:姚晴儿　◆指导老师:朱瑜冬

前些天刚读完了《目送》。最喜欢里面的一句话:"有些事,只能一个人做。有些关,只能一个人过。有些路啊,只能一个人走。"

指尖摩挲着《目送》的书皮,湖蓝色的封面上,一位母亲推着她的孩子慢慢走。一抬头,就看到了妈妈忙碌的背影。她似乎总有用不完的精力,扫地、拖地、做饭、洗衣服……就像女超人。好不容易得空歇歇,却不愿闲下来,一会儿问我中饭晚饭想吃什么,一会儿又从衣柜里翻出几件旧衣服开始洗。我微微一笑。(由《目送》封面自然衔接到自己的生活,通过描写"我"与母亲相处的细节,表达母女深情。)

我的爸爸在我很小的时候就去世了,但我和妈妈却被我爸爸的妈妈无情地赶出家门。妈妈还未从丧失爱人的悲痛中清醒过来,就横遭变故;娘家也回不去——回去只会被骂。当时的我还小,懵懂无知,只知道管她要爸爸。很难想象,当时的她看着当时的我,是怎样一种感受。记得她跟我说曾经有人劝她送掉我,再嫁。她只是冷笑着,拒绝了。

我问她,为什么不送掉我,再嫁。她说,你是我的孩子。眸光中的坚定,竟是我从未见过的认真。我懂了,因为我是我妈的孩子。

有些事,只能一个人做。(在看似平淡的叙述中,突出母亲坚硬的柔情。)

每次翻到《胭脂》那篇,就会想起我的奶奶。我的奶奶今年六十六岁了,在2010年的夏天送走了我的爷爷,前行的路上,那个互相搀扶着走的人,离开了。我仍记得当时送爷爷去火化的时候,奶奶那样温顺的一个人,死死扒着棺木的边缘不肯放手,口中一直喃喃地叫着我爷爷的名字。后来奶奶的手指被一根一根掰开,一群人抬着爷爷的棺木走了,奶奶一个人伸着手,眼神空洞且绝望。

后来的后来,奶奶渐渐缓了过来。在那些黑暗无光的日子里,奶奶抱着爷爷的遗照,整日以泪洗面。妈妈进过奶奶的房间,宽慰了她一阵。但出来只说了一句:只能等她自己想通了。所幸奶奶还是挺了过来。

有些关,只能一个人过。(通过描写奶奶送葬时异乎寻常的举止,表现内心的悲戚,与后文"挺了过来"形成对比,阐释了本文主题:有些关,只能一个人过。)

初中的时候,一个很要好的朋友跑八百米,我在她边上陪跑。快到终点的时候,我被拦了下来。看着她奋力奔跑的背影,我突然明白了,没有谁能够陪你走到终点,即使他们多想陪着你,走下去。

人生就像一列通往死亡的列车。在这列生命的列车上,会有人上车,有人下车。你要珍惜那些上车陪你走过漫长岁月的人,而那些要下车的人,不要挽留。感激他们曾经陪伴着你,给了你温暖和独一无二的记忆。但最后他们都是会走的,即使是你最亲的人。

记得《目送》中某一篇写到蔡琴,她说,你们知道的是我的歌,你们不知道的是我的人生,而我的人生对你们并不重要。是啊,一个人孤零零来到这世界,终也是一个人孤零零地去。有些事,如人饮水,冷暖自知而已。(感悟如泉水般汩汩流出,淌进读者心里,引发共鸣。)

有些路啊,只能一个人走。也许前半生就这样,但还有明天……(化用歌词呼应标题,在感怀中蕴含憧憬与期许。)

点评

至情之文,读之心神俱动。或是书中的文字触动了心扉,或是心中所念时时不忘。生命的航程中,风雪不期而至,而我们独自面对,毅然挺立。

写在莲上的诗

——读《人生最美是清欢》有感

◆学校:嘉兴市第五高级中学 ◆作者:张 娜 ◆指导老师:梁小玲

骤雨初歇。

独步方塘,被池中美得不可方物的莲花的姿容吸引,红花艳,株株红莲似热舞女郎;白花娇,朵朵白莲如刚出浴的美人。(以人喻花,形象生动。)微风轻拂,只留下佳人巧笑倩兮、美目盼兮的虚影。

恍惚间,看到了一位老人在莲田逡巡,那瘦削的身形正如莲株,品读他如莲般淡雅的文字,能品读到人生的睿智。

他,就是林清玄。(独立成段,突出强调。)

捧读《人生最美是清欢》,就好似跨过无垠时空,与作者并肩在街头踱步。不带一丝轻狂与躁动,永远不忽略身边细小卑微的事物:夕阳沉落的一丝余光,落叶飘飞的一次翻卷……在这样的审视下,又能体味生活中那细小的幸福:收藏泡泡糖糖纸时的喜悦,在贝壳中听海潮音时的满足,寻找幸运草时的快活……(具体入微。)

每一篇,每一文,皆是静心体悟生活美好的积淀,皆是渗透时光沉淀留下的不朽。(写总体感受。)

"在阳光下,所有事物自有它的颜色,当阳光隐去,在黑暗里,事物全失去了颜色。"(《光之四书》)

林清玄笔下的阳光实是无情,它让我们毫无防备地暴露在天地间,无法躲藏的感觉就如同赤身裸体的羞赧,但也正是因此,我们才能真正面对阳光,看到阳光下的阴影,才会直面自己的缺漏,才会认识到自己只是芸芸众生里的一员罢了。

只有一改国人焦躁激进的心态,剔除现代文明的进步引发的狂妄,冷静从容的我们才有资格展望未来。("只有……才能……"这个句子很有表现力。)

"心如果不流转,事物的流转并不会使我们失去生命价值的思考;而心如果浮动,时代一变,价值观就变了。"(《来自心海的消息》)

在这快速发展的大城市,那些被记忆封存的味道难以找寻。譬如红薯,现在只是人们为了平衡膳食、追求健康而搬上餐桌的小小物什,谁又曾注意到这些朴实的红心番薯,是颠沛流离时代中渺小而微不足道的上一代人填饱肚子、踏实地活着的倚赖。番薯糕、番薯饼、番薯汤,都沉在这位历尽世事沧桑的老者心底。记忆深处那一段与红薯相伴的朴实岁月,消弭了年少轻狂的浮躁,给予了他一份伴随着生活阅历的增长而生成的诚诚恳恳,使他在人生岁月中不忘初衷。(一句一议,有感而发。)

"清淡的欢愉不是来自别处,正是来自对平静的、疏淡的、简朴的生活的一种热爱。"(《清欢》)

"清欢"是一种境界,亦是一种追求。只有舍弃世俗的追求和内心的贪婪,回归最纯真的自己,用心感受藏匿在最平凡、普通生活中的清淡的欢愉,才能得到精神和内心的超脱。这位质朴的老者积淀一世的智慧,用淡泊的心态,静静地述说着他与世人以浊为欢、以清为苦截然不同的追求。("以浊为欢,以清为苦"精练地写出了一种社会现象。)"人间有味是清欢",那淡然与平和,令我们可以换一种角度看世界,只要不汲汲于名利,我们就都能达到用心品味生活中的欢愉的境界。"清欢"是一种境界。

每每读林清玄的散文,都会被作者豁达的人生态度、沉静的文字所震撼,所吸引。他写下的每行文字都引导我思考生活,提升眼界品位。

一阵蝉鸣蛙叫惊醒了我,池中的莲花依然盛开,无视着泥地的污浊与外界的嘈杂。何时我们才能像莲,像林清玄一样呢?(回扣开头。)

这是一篇写在莲上的诗,更是一个如莲的人给予我们的一份礼物。

点评

文章结构完整合理。小作者从对林清玄的整体印象写起,引用三篇作品中的句子,由小到大,由身边到社会、人生的顺序阐明自己对作品的理解,表述自己思想体悟的成长过程。如果小作者能把三篇作品之间的内在联系找出来,加以必要的过渡,结构会更合理。

书海拾贝

你的生命不论在何地结束,总是整个儿留在了那里。生命的价值不在于岁月长短,而在于如何度过。有的人寿命很长,但内容很少;当你活着的时候要提防这一点。你活得是否有意义,这取决于你的意愿,不是岁数多少。

——[法]蒙　田

心灵苦旅
——读《千年一叹》有感

◆学校:平湖中学　◆作者:张盈迪　◆指导老师:胡晓强

"人渴望完美而不可得,这种痛苦如何才能解除? 我答道:这种痛苦本身就包含在完美之中,把它解除了反而不完美了。我心中想:这么一想,痛苦也就解除了。接着又想:完美也失去了。"那是心的向往,心的体验,心的旅程。(引用富有哲理的语句开篇,引发读者思考。)

翻开余秋雨的《千年一叹》,一场文化的苦旅。千年走一遭,他穿越恐怖主义蔓延的地区,去探寻古文明的印记;踏过法老走过的地方,钦佩古人的智慧;轻抚巴特农神庙的残柱,感慨时间的流转;陶醉于爱琴海的日出,传说的神秘与当下的壮丽,两美结合。(用一组排比,将余秋雨的旅程娓娓道来,交代书本内容。)历史是过去,遗址是历史留给后人的遗产。古文明中蕴藏着深厚的文化,也正是这种文化使古文明在过去熠熠生辉。然而现在,人类古文明的支柱为何坍塌? 中华文明得以延续的坚韧性又在哪儿?(问句加强语气,促人反省。)习见于文明的兴盛与衰落,他却努力去发掘废墟存在的意义。

"月光下的沙漠有一种奇异的震撼力,背光处黑如静海,面光处一派灰银,却有一种蚀骨的冷。这种冷与温度无关,而是指光色和状态,因此更让人不寒而栗。"

残缺的文明遗留在血统之外,遗留在山石之间。

当我们不甘流于按部就班的生活,出走就是对庸俗生活的"越狱"。(由书及己,观照自身,观照当下。)

我独自走在堤坝,沿着湿泥覆盖的石路,在阴雨天。灰蒙蒙的天压得很低,从耳边掠过一只蜻蜓,一个机灵躲了过去,只见它扑扇着透明的纱翅,隐进了天空的阴沉里，没有轰鸣的响雷，没有叱咤的闪电。渐渐地，天飘起了若有若无的细雨。极目远眺，水天一线，界线是模糊的，有着混浊的颜色，看不清海有多远，也不知道天有多高。茫茫的海，孤独的石坝，规则六边形的石洞，洞里淤泥与石块混杂，千只万只的黑虫快速聚拢又散开，想起发生在这里的遥远传说，害怕从远方漂来冰冷的尸体，而堤坝上只有我孤身一人。

"修行的路总是孤独的，因为智慧必然来自孤独。"（论述重点独立成段，醒目！）

我开始恐惧，一种深深的孤独开始笼罩着我。如果狂风暴雨袭来，海浪汹涌地扑来，我渺小的身躯会被无情地裹挟……自然有无穷的力量，人又显得太过渺小，微若草芥。作为人类，那是一种面对自然产生的害怕，因它本身而产生。我依旧向前走，尽管前方充满未知与无知，但它们本身并不可怕，可怕的是对未知与无知的否认。我踽踽独行，试图探求到什么，凭借着我初生牛犊的勇气和对世界还不认同的好奇。（细腻的心理活动描写紧扣文题"心灵苦旅"，自然过渡到总结段落。）

足下之旅，不如说是心灵之旅。路上会有黑影幢幢，会忧心忡忡，但胜过苍白的一潭死水。我想余秋雨在探求对文明的认识的时候，也收获了新的对人的心灵的体验。

点 评

《千年一叹》是余秋雨先生追忆文明之旅的作品，但此文小作者读后之感重心不在文化，而是更为抽象的心灵层面，见解独到。此文思路开阔，对自己坝上独行经历的描写让人看到作品带给他思考问题的新角度，看似割离，实则紧密相连。

梦想无大小

——读《工匠精神：向价值型员工进化》有感

◆ 学校：嘉兴市建筑工业学校　◆ 作者：张　赟　◆ 指导老师：郭亚磊

梦想无大小，身心已出发。

——题记

工匠精神，开启中国精造时代。

冯正霖说，弘扬精益求精追求完美的工匠精神。

那么究竟什么是工匠精神？作为一名中学生的我首先想到的是制造大国：德国和日本。两国的一流匠人比比皆是。以德国为例，德国之所以能制造出世界一流的产品，是因为德国拥有着孕育工匠大师的沃土：他们注重精密设备的制造，他们对自己的手艺精雕细琢、严格要求。正是因为从业群体具有这种精益求精的工匠精神，并将其传承下来，德国产品才成为世人公认的高品质代名词，同样也成为德国的一张光彩夺目的名片。

那么中国是否拥有这种工匠精神？我脑海中立刻浮现出了鲁班的身影，这位中国建筑行业的鼻祖居然从划伤自己的野草中获得启发，发明了锯，基于生活实践发明了曲尺、墨斗等等，他的探索和创新让我对工匠的敬意油然而生。那么当代的中国制造呢？《工匠精神》中德胜洋楼的管理者聂圣哲先生给了我新的启发，他是工匠精神和精造思想相对应的匠心教育的探索者与实践者。他清醒地意识到制造业不仅是对一个民族技艺的传承，更具有传承民族精神的价值。与其说年轻人是社会的未来，不如说有着精益求精的工匠态度和精神的年轻人是社会的未来。早在十年前，聂圣哲创办木工匠士学校和平民学校，着手重塑国民素质的纠偏教育，以工匠精神开启中国精造时代。以工匠教育和平民教育为基础，着力培养工匠精神并改良文化土壤,以工匠精神推动中国制造向中国精造迈进。他是中国精造理念的提出者,也是中国精造时代中的佼佼者。他用他的创新教育和精益求精,书写全民族的工匠传奇。(由彼国及此国,由古代到当代,步步反观当今中国制造,唤起读者的民族意识和责任意识,自然引出下文。)

作为年青一代的我们,身负实现中华民族伟大复兴的重任,更应该深刻理解和传承工匠精神的内涵。因为工匠精神不仅是一种信念,更是一种责任。大到国家,小到个人,"三百六十行,行行出状元",每个人都应该拥有出彩的机会。"罗马不是一天建成的",制造强国也不是速成的。中国制造到中国精造的关键取决于工匠精神。中国制造想要提升,必须走改善的道路。工匠精神的回归,将加快我们从制造大国转向制造强国的速度。(深挖工匠精神内涵,从前文实例中抽象出理论,深入浅出。)

教育,工匠精神之源。聂圣哲先生提出,德日两国的教育文化里,匠人的培养早已深入人心,有匠心,有匠魄。所有东西在改善中,各方面都要做到细致,细致始于改善,改善又增加了细致,"不积跬步,无以至千里"。工匠精神就是专注和细致的完美融合。任岁月荏苒,初衷不改。前辈们用他们的毕生精力书写的对技艺的虔诚和敬畏,以及他们勇于创新、勇于拼搏的精神是永远照亮我们成长道路的精神渊薮。(追溯工匠精神之源,汲取成长力量。)

合上书,工匠精神深深扎入脑海。作者告诉我们,一个人要有精神追求,年轻就是最大的资本。他写出了自己对于平民教育的敬意,对工匠精神和精造理念的敬畏。年轻的我们,总怀揣着对未来的幻想,渴望生活,渴望制造。年轻,就要有梦,有梦就要奔跑。趁我们正年轻,去追逐梦想,拥抱青春。前方的挑战和荆棘,是逐梦路上的必然遭遇。梦想无大小,身心已出发。(回扣题记,发出呼吁,满满正能量。)

点 评

本文整体性强,得益于两处呼应:一是德国制造业的发达与德国教育文化的呼应,二是题记与结尾的呼应。围绕工匠精神,小作者挖内涵、寻实例、溯本源、提要求,如此这般对"工匠精神"的深入思考,也不失为"工匠精神"的一种实践。

慧心为马过平凹

——读《游戏人间》有感

◆学校:嘉善高级中学　◆作者:周翕泽　◆指导老师:王德锋

> 人生斗转仆仆,难得心愿得自在。
>
> 前程弦歌锵锵,不放目标放自由。
>
> ——题记

　　追随着封面上那匹枣红马,我扎进了贾平凹的《游戏人间》。我看到了人间道路上设置的种种平凹,也体验到了那匹头不像头、腿不成腿的怪马带着我游戏人间的态度和慧心。所谓慧心,就是贾平凹倾注在这本散文集里的人文关怀,把一系列"烦的生命"用游戏化的视角展现得有趣、有神、有物。(此句总领全文。)

　　其中的有趣,大多不是明面上的诙谐,而是字里行间透露出的淡淡的幽默。譬如两个无聊的人——也只能说是无聊的人,将"脸在玻璃上压着饼形,嘴扁圆……四只手扒在空中",在冬天的茶亭玻璃上留下了两个圆形与四只手印,惹得那没线条的服务员十分不喜,导致"你"与她交谈时她会愤愤地说出这句话:"神经病,来茶亭的尽是些脑子缺一点的人!"看似平铺直叙,却有一种低调的意趣在渐渐释放,这正是游戏人间所需要的张力。

　　其中的有神,则见于朴实中的活脱,贾平凹的语言十分接地气,如同一股清泉流淌而下,源于生活,充满了生气和神采。(比喻用得好。)那服务员嗑瓜子时,"丢一颗进嘴,嘴唇不动,吐出来,瓜子皮儿张着,仁儿留下,舌头在里边机智地操作",我脑海中便浮现出母亲在家的嗑瓜子"专业户"情态,还真是神似呢!

　　其中的有物,是贾平凹开辟的一条从外在的"烦的生命"通往内在的"美的生

150

命"的蹊径，每一程都渗透着心灵的体验和感情的波澜。何为"求缺"？正如那对买了冰雕的男女朋友，他们一直把"求满"作为人生的目标，心灵被世俗所填充；然而，象征着世俗的冰雕终会化得一干二净。而带有生命寓意的活物，是不会与冰雕俱消亡的。

人生，终归求缺不求满啊！

《游戏人间》挖出了人间的不平与坎坷，却填满了人生的智慧与真谛。（有表现力。）其中的《六棵树》所记的是六棵树在人间消绝的不幸命运，而每一棵树的命运又联系着一段乡人的坚守和人世的蜕变。我们应当唏嘘的是树的命运，还是人的命运？我们在人间的生活便是这世间覆盖面积最广、跨越时间最长的一场游戏。但人们总是争赢恐输、患得患失，却不知道这场游戏最根本的原则就是——世间万物皆以缺为常。

贾平凹痛失母亲，体味到了人间最无奈的缺憾；时代更迭，曾经为无数个王朝做出过贡献的拴马桩落在了作者的手里，而他也最终体悟到——"没有马的时代，只能守着拴马桩哭泣"。我们每个人都有或大或小的缺憾，与其被动地经受缺憾的折磨，不如主动求缺；人立于世间，与其沉湎于外在生命的烦恼，不如着眼于内在生命的修行。"人生是三劫四劫过的，哪能一直走平路"，唯有淡然、从容、求缺，才能迈过人间的平平凹凹，才能获得人生的充盈。（这一段文字写得不错，两个"与其"句，态度鲜明。）

我与大多数人相似，会在一些琐事上表现出烦躁之意；但我更多地会选择以游戏的心态对待这人生。人间一游恰似黄粱一梦，在这世间最为真实的梦境里，我愿做那随风飞舞的蝶，梦着，飞着，向着那个方向前进着……

许久，我竟来到了那怪马的身边。它仍然是封面上所画的那匹，头不像头、腿不成腿，但我竟不觉得它有多么奇怪了！它那闲庭信步的样子令我浮想起苏东坡《定风波·莫听穿林打叶声》里的那句"竹杖芒鞋轻胜马"，心底荡漾起旷达从容之感。

嗒，嗒，嗒，我的翅膀轻轻扇动了起来。

点 评

小作者从《游戏人间》的封面入手，并在文章结尾处予以呼应，角度新颖，结构严谨。在文章的主体部分,小作者能够结合《游戏人间》的具体内容,书写阅读的体验与思考,语言表达有一定的功力,文章的思路比较清晰。

书海拾贝

生活不能等待别人来安排,要自己去争取和奋斗;而不论其结果是喜是悲,但可以慰藉的是,你总不枉在这世界上活了一场。有了这样的认识,你就会珍重生活,而不会玩世不恭;同时,也会给人自身注入一种强大的内在力量。

——路 遥

腹有诗书，从容不迫

——读《内在的从容》有感

◆学校:海宁市高级中学　◆作者:范书彦　◆指导老师:徐玲洁

"内在的从容"，从这短短五个字中我们就能体会到周国平先生"腹有诗书气自华"的从容。(点题,统摄全文。)从这本书中，我也受益匪浅。

这本书主要写了周国平先生对于许多事情的看法，如对于人生，周国平先生说"世上事了犹未了，又何必了。这种心境……是一种对人生悲欢的和解和包容""生命是最基本的价值"……他对我们生活中的方方面面做出了阐释。当我触摸着书本的纸张，文字一行行跃入我的视野，那质朴的、充满哲理的，又带一点活泼的语句就深深吸引了我。我心中宛若流入一条小溪，它静静地流淌，有时突然欢快起来，有时又轻快地打着旋儿。大多数时候，只听那轻轻的流水声，带走浮躁，开辟了一片宁静的天地。(运用比喻,生动形象地写出了小作者的阅读感受。)

书中令我印象很深的句子有许多。在有关独处与交往的文章中，周国平先生批判了没有自己思想的人，认为他们"只是别人的一个影子和事物的一架机器罢了"。仔细想想，这番话颇有道理。影子虽与它的主人长得一模一样，动作也分毫不差，但是它只会跟从自己的主人，主人如何，它也如何，而不会自己选择自己想要的。机器就更是如此了。即使是所谓的"智能机器人"也只是人类的发明，它们不过是人类编写的几组程序，说到底还是服从人类的指令，更不用说普通的机器人了。它们根本没有自己的思想，没有情感，连说出来的话也是硬邦邦不带感情的。("硬邦邦"写得好,有质感。)既然如此，如果一个人只会按照别人的要求办事，而不会提出自己的意见，那么他与影子、机器人有什么差别呢？

放眼著名的科学家、作家等等，他们哪一个不是有着自己独特的见解？哥白尼坚持"日心说"，爱因斯坦提出"相对论"……正因为这份独到的见解，他们取得了成功。我曾经也是对别人的话言听计从,即使有意见也不敢提。但是我现在明白了,一个人必须有自己的主见,自己的思想,否则活着还有什么意义呢?

除此之外,周国平先生还提到人际关系的问题——一切好的友谊都是自然而然形成的,而太热闹的友谊往往是空洞无物的。我想,当你处在一群快乐得过了头的朋友中,在这过分的热闹中你是否会感到寂寞,感到虚假?(提出疑问,发人深省。)如同莎士比亚讽刺的:"充满了声音和狂热,里面空无一物。"君子之交淡如水,表面上的热闹掩饰不了内心的寂寞。

友谊是自然形成的,无论是金钱还是欺骗,都无法换来真正的友谊,换回一颗真心。真正的友谊应该是朋友之间彼此信任,为彼此考虑而不计较得失。朋友之间固然要坦诚相待,但同时也要给彼此留下自己的空间。距离产生美,适当的距离也会使友谊更加牢固。

腹中藏着万卷书,生活还有什么好担心的? 书中自有黄金屋,读好书,将会让我们受益一生。我们不能像布娃娃一样,拥有美丽的外表,里面却什么也没有。我们应当多读书,丰富了内在,整个人才能更饱满,更有精神,也更从容。(点题,收束全文。)

点 评

本文从《内在的从容》一书的主要内容与特色,写到其中最有感触的句子,再到现实的思考,思路比较清晰。文中不乏精彩的句子,足见小作者的语言功力。

成功,并非偶然

——读《林肯传》有感

◆学校:嘉兴市第一中学　◆作者:唐佳悦　◆指导老师:王素芹

谈起林肯,大多数人想到的是他的光辉成就:签署《解放黑人奴隶宣言》,取得南北战争胜利……起初,我对他的认识仅限于"他是美国历史上最伟大的总统",直到读了《林肯传》,才了解到伟人林肯背后不为人知的一面。

林肯的童年,用他自己的话说,是"一部贫穷的简明编年史"。他出生于肯塔基州哈丁郡一个贫穷的家庭,父亲是个酗酒的流浪汉,母亲是个受人歧视的私生女。冬天,全家人只能像狗一样蜷缩在棚屋角落里的一堆树叶上,裹着一张薄薄的熊皮,连土豆也吃不上。林肯十五岁时才开始识字,他进学校的时间加在一起不到一年。但林肯勤奋好学,一有机会就向别人请教,没钱买纸笔,他就在木板和沙地上练习写字。他的书很少,不过每一本都被他视作珍宝。《圣经》和《伊索寓言》深深影响了林肯的写作风格和谈话方式,《斯考特教程》指导了林肯如何进行公开演讲,《布莱克斯通法律评注》帮助他自学成才,成为一名律师……(简洁地概括了书籍对林肯的重要影响。)

从一个贫穷的孩子成长为一个著名律师实属不易,但命运并不打算就这样轻易地放过林肯。挚爱的去世,婚姻的不和,选举的失败……林肯不断地遭受挫折、失败、痛苦和斥骂,仿佛是一个彻底的失败者。即使是在阴差阳错地成为总统后,还是不断遭受民众的非议、政敌的责难,而他一心维护国家的统一、坚持人种平等的伟大政治理念直到南北战争结束,甚至是他去世之后才被各方所理解和接受。

作者的写作视角很独特,没有过多地写林肯的政治功绩和耀眼光环,而是把更多的笔墨放在了他的挫折和失败上。也正因了解了林肯鲜为人知的在困境中

155

的另一面,我才知道,他的成功并非偶然,而是必然。(点题。)

维护国家统一、废除奴隶制度的伟大理想是他在困境中的指路灯。他卑微的出身使他比常人更痛恨残暴的压迫者,更同情无辜的弱者。(此句有概括力。)因为他对废除奴隶制态度坚定,他成功当选为总统。在南北战争中,他以维护联邦统一为原则,不计个人得失,力排众议,拒绝南北分治。他签署《解放黑人奴隶宣言》,发表了著名的《葛底斯堡演讲》,他宽广博大的胸怀感染了无数黑人和白人,让他们共同为维护国家统一而奋斗。最终,在林肯的领导下,北方取得南北战争胜利,国家统一得到维护,无数黑人重获自由。

幽默的性格和天才般的演讲口才是他成功的必备条件。他有趣的玩笑话使他赢得了许多朋友,积累了不少人脉。在内阁会议上,他用笑话缓解紧张的局势;在政敌面前,他用笑话使对方成为自己的朋友;在群众面前,他用笑话安抚大家激动的情绪……他那些著名的演讲更是对他的成功起了功不可没的作用。(排比句有内容,不单薄。)他的《葛底斯堡演讲》被誉为"美国文学史上最漂亮、最富有诗意的文章之一"。他用感人肺腑的颂词,赞美那些为国家牺牲的战士以及他们为之献身的理想,其中"政府应为民有、民治、民享"的名言被人们广为传颂。

进取精神是他在困境中取得成功的力量之源。林肯虽然只接受了不到一年的学校教育,但他并没有放弃对知识的渴求,一切他能找到的书,他都会拿来仔细地反复阅读。早晨,他把书塞在衬衫里,把玉米饼装满裤袋就耕地去了;晌午时,他坐在树下边读边吃;晚上回家,他把椅子往墙边一放,背靠着墙就读起来。他很少有无所事事的时候,他会问别人一些奴隶制、联邦制、宗教等方面的问题,这对日后他伟大思想的形成起了重要作用。在他之后的事业道路上,尽管也屡遭挫折,但林肯依然凭着这股进取精神去直面挫折、战胜挫折,一路披荆斩棘,勇登成功之巅。(以上三段从三个方面分析了林肯成功的原因,思路清晰。)

读了《林肯传》我才明白,原来一个平凡人之所以能在困境中逆袭,靠的并不是好运,"偶然"的背后一定有"必然"的原因存在。林肯与平庸之人最大的不同在于,虽然身处困境,他依然有坚定的理想与原则、对人生的自信与乐观,以及难能可贵的进取精神和行动力。这是我们每个人所应当学习的。

点 评

　　文章思路比较清楚,行文脉络井然,主要从林肯的理想、性格和精神三个方面来组织全篇。小作者较为深入地分析了林肯成功的原因,带给读者启示。

书海拾贝

　　在街头看一回人的风景,犹如读一本历史,一本哲学,你从此看问题,办事情,心胸就不那么窄了,目光就不那么短了,不会为蝇头小利去钩心斗角,不会因一时荣辱而狂妄和消沉,人既然如蚂蚁一样来到世上,忽生忽死,忽聚忽散,短短数十年里,该自在就自在吧,该潇洒就潇洒吧,各自完满自己的一段生命,这就是生存的全部意义了。

——贾平凹

锦绣天地，大美人间

◆学校：嘉兴市秀州中学　◆作者：王依洋　◆指导老师：李海宁

　　"文学的白衣天使"——这话用来形容毕淑敏是最适合不过的。(总写对作者的感受。)

　　我原以为像她这样有名的作者，作品应当是高高在上的皇皇巨著，直到我拜读了《世界如锦心如梭》，才发现她的文字是出人意料的"普通"，那么平易近人。(总写对作品的感受。)

　　毕淑敏讲了她在冰岛遇到的那个有趣的冰岛籍华人和往昔情事，讲了在瑞士这个巧克力王国中的所闻所见，讲了格陵兰的冰山，讲了永不再陷落的马萨达……(四个"讲了"，连贯一气。)娓娓叙述的文字说不上激情，但也绝不平淡——像一个许久未见的老朋友，在闲适的午后，同你随意谈着天，真诚而又质朴。

　　在阿尔卑斯山麓，有无边的草场和自由自在的奶牛。这些黄白花的瑞士奶牛体形硕大，乳房饱满，无忧无虑地吃着芳草。这是多么美的画面啊！充满了自然与生命的味道。这些奶牛——人类牟利的工具——部分恢复了野牛的天性，桀骜不驯。即使长得温驯，也不可以随便触摸，它们发起脾气来，你就有可能被追得到处乱跑，或者全身负伤。

　　我觉得，这就是人性与野性的碰撞。每一个生灵，天生都有对自由的渴望、对不被束缚的向往。

　　"如果我下辈子变成一头牛，就到人迹罕至的山里去，吃下的是优质的草，挤出的是优质的奶。不要被人打扰，不要留下影子，百无遮拦、自由自在地在山坡上踱来踱去，为人间的香甜贡献一点力量。"这一段话我十分喜欢，因为没有别的语句能够更好地表达出这意思，所以将它全部呈上。

　　毕淑敏的文字就是这样的，有一种恬淡而令人安心的魔力，乍一看仿佛平平无奇,细细品味却总能让人感觉到被治愈,像是阴雨连绵十几日后,终于见到的第一缕阳光。(运用比喻,形象地表现了毕淑敏文字的特点。)

是的,我希望成为这样的一个"人"。我希望我能默默无闻却又受人尊敬——这并不矛盾,我会尽自己所能做有意义的事,不受阻碍,自由自在。只要有人因我的存在而得到快乐,那我也就是快乐的。

毕淑敏的游记并不仅仅是"游玩记录",她从来不只是记录某个地方的美丽,她更在探寻表象后的故事,她在追忆历史,她在拷问灵魂——别人的、自己的。

她在曾经"陷落"的马萨达西围墙处,望着天梯,想象着千年前罗马人与马萨达之间的战争。公元73年4月15日,九百六十名马萨达居民选择全体殉难,来结束这场残酷且注定看不到胜利曙光的战争,他们宁愿死而不愿做别人的奴隶。

我也不禁沉思了起来,如果是我,在那样的局面下,会为了这"自由"而做出牺牲吗?如果我是那十名因犹太教义"不可自杀"而被抽签选中去杀死其他所有人而暂时活着的勇者之一,我又会怎么做呢?我不知道。我只是更加深刻地理解了"自由"和"原则"的含义,我愿意为了坚守我的底线付出任何代价,只要对得起自己的内心。

朋友,试着来看看这本书吧,你会变成一个更加温暖、更加热爱生活的人的。

世界如锦,我心如梭,大美天地,等待着我们……(点题。)

点评

文章紧扣原著内容及文字特点谈自己的感想,有感而发;结构也安排得比较合理。如果能对原著的书名《世界如锦心如梭》加以诠释,文章传达的思想会更清楚明了。

图书在版编目(CIP)数据

阅读人生的风景 / "阅读伴我成长"系列丛书编委
会编. —杭州:浙江文艺出版社,2018.4
ISBN 978-7-5339-5245-7

Ⅰ.①阅…　Ⅱ.①阅…　Ⅲ.①作文—中学—选集
Ⅳ.①H194.5

中国版本图书馆 CIP 数据核字(2018)第 052133 号

责任编辑　何晓博　周　佳
装帧设计　吴　瑕
责任印制　吴春娟

阅读人生的风景

(2017 年中学卷)

"阅读伴我成长"系列丛书编委会　编

出版　浙江文艺出版社
地址　杭州市体育场路 347 号
邮编　310006
网址　www.zjwycbs.cn
经销　浙江省新华书店集团有限公司
制版　杭州天一图文制作有限公司
印刷　杭州富春印务有限公司
开本　710 毫米×1000 毫米　1/16
字数　175 千字
印张　10.5
插页　2
版次　2018 年 4 月第 1 版　2018 年 4 月第 1 次印刷
书号　ISBN 978-7-5339-5245-7
定价　28.00 元